LOS 100 MEJORES VINOS POR MENOS DE 10€

5 años de vinos inolvidables

LOS 100 MEJORES VINOS POR MENOS DE 10€
5 años de vinos inolvidables
LOS 100 MEJORES VINOS POR MENOS DE 10€
5 años de vinos inolvidables
LOS 100 MEJORES VINOS POR MENOS DE 10€
5 años de vinos inolvidables
LOS 100 MEJORES VINOS POR MENOS DE 10€
5 años de vinos inolvidables
LOS 100 MEJORES VINOS POR MENOS DE 10€
5 años de vinos inolvidables
LOS 100 MEJORES VINOS POR MENOS DE 10€
5 años de vinos inolvidables
LOS 100 MEJORES VINOS POR MENOS DE 10€
5 años de vinos inolvidables
LOS 100 MEJORES VINOS POR MENOS DE 10€
5 años de vinos inolvidables
LOS 100 MEJORES VINOS POR MENOS DE 10€
5 años de vinos inolvidables
LOS 100 MEJORES VINOS POR MENOS DE 10€
5 años de vinos inolvidables
LOS 100 MEJORES VINOS POR MENOS DE 10€
5 años de vinos inolvidables
LOS 100 MEJORES VINOS POR MENOS DE 10€
5 años de vinos inolvidables

BODEGAS LAVIA (P. 32)

Visita y degustación de vinos, gratuita para 2 personas, al presentar este vale.

Válido hasta fin de promoción

Tel. 638 046 694

enoturismo@mgwinesgroup.com

ALTO LANDÓN (P. 40)

Visita y degustación de vinos, gratuita al presentar este vale.

Válido hasta fin de promoción

Tel. 962 302 329

altolandon@altolandon.com

VIÑA ZORZAL WINES (P. 44)

Descuento del 20% en compras de vino en bodega, al presentar este vale.

Válido hasta fin de promoción

Tel. 948 780 617

info@vinazorzalwines.com

JAVIER SAN PEDRO ORTEGA (P. 58)

Visita y degustación de vinos, gratuita para 1 persona, al presentar este vale.

Válido hasta fin de promoción

Tel. 636 082 927

info@ bodegasjaviersanpedro.com

SIERRA DE TOLOÑO (P. 62)

Descuento del 20% en compras de vino en bodega, al presentar este vale.

Válido hasta fin de promoción

Tel. 626 233 085

info@sierradetolono.com

LAFOU SENDER (P. 63)

Visita y degustación de vinos con un descuento del 10% para 2 personas, al presentar este vale.

Válido hasta fin de promoción

Tel. 93 874 35 11

info@roquetaorigen.com

BODEGAS FRONTAURA (P. 66)

Descuento del 20% en compras en la tienda en línea https://shop.nexusfrontaura.com al incluir el código GEOPLANETA

Válido hasta fin de promoción

Tel. 983 88 04 88

info@nexusfrontaura.com

BODEGAS RAFAEL CAMBRA (P. 68)

Visita y degustación de vinos con un descuento del 25% para 15 personas, al presentar este vale.

Válido hasta fin de promoción

Tel. 626 309 327

rafael@rafaelcambra.es

LAS MORADAS DE SAN MARTÍN (P. 69)

Visita y degustación de vinos gratuita para 2 personas*, al presentar este vale.

Válido hasta fin de promoción

** con cita previa. Día y hora condicionados a disponibilidad de la bodega.*

Tel. 660 237 456

acarreras@lasmoradasdesanmartin.es

BODEGAS PAGO AYLÉS (P. 70)

Descuento del 20% por la compra del vino "A" de Aylés, al presentar este vale.

Válido hasta fin de promoción

Tel. 976 140 473

maria.serrano@pagoayles.com

BODEGA Y VIÑEDOS URIBES MADERO (P. 71)

Visita y degustación de vinos, gratuita para 2 personas, al presentar este vale.

Válido hasta fin de promoción

Tel. 969 143 020

info@pagocalzadilla.com

MUSTIGUILLO VIÑEDOS & BODEGAS (P. 72)

Descuento del 10% en compras de vino en bodega y descuento del 20% en visita a la bodega*, al presentar este vale.

(*) con cita previa

Válido hasta fin de promoción

Tel. 962 168 260

enoturismo@ bodegamustiguillo.com

BODEGA GARNACHA ALTO ALBERCHE (P. 76)

Visita y degustación de vinos, gratuita para un máximo de 6 personas, al presentar este vale.

Válido hasta fin de promoción

Tel. 616 416 542

antonio@7navas.es

LOS 100 MEJORES VINOS POR MENOS DE 10€

LOS 100 MEJORES VINOS POR MENOS DE 10€

años de vinos inolvidables

geoPlaneta

Cómo utilizar esta guía

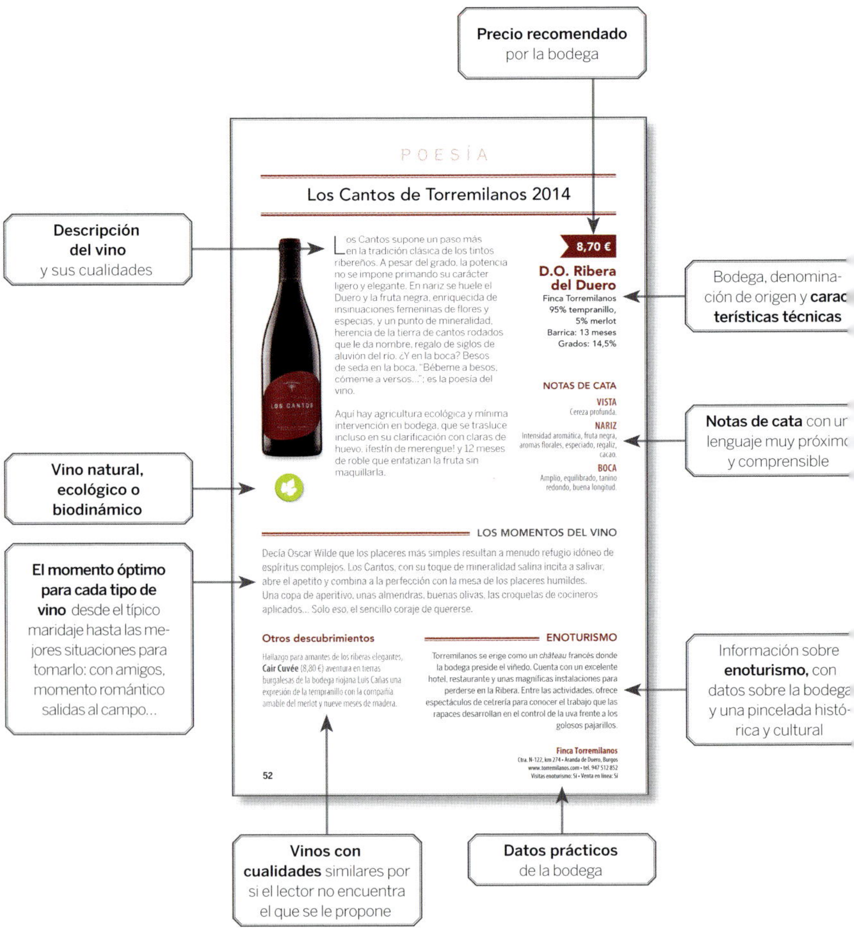

POESÍA

Los Cantos de Torremilanos 2014

Los Cantos supone un paso más en la tradición clásica de los tintos ribereños. A pesar del grado, la potencia no se impone primando su carácter ligero y elegante. En nariz se huele el Duero y la fruta negra, enriquecida de insinuaciones femeninas de flores y especias, y un punto de mineralidad, herencia de la tierra de cantos rodados que le da nombre, regalo de siglos de aluvión del río. ¿Y en la boca? Besos de seda en la boca. "Bébeme a besos, cómeme a versos..."; es la poesía del vino.

Aquí hay agricultura ecológica y mínima intervención en bodega, que se trasluce incluso en su clarificación con claras de huevo. ¡festín de merengue! y 12 meses de roble que enfatizan la fruta sin maquillarla.

8,70 €

D.O. Ribera del Duero

Finca Torremilanos
95% tempranillo, 5% merlot
Barrica: 13 meses
Grados: 14,5%

NOTAS DE CATA

VISTA
Cereza profunda.

NARIZ
Intensidad aromática, fruta negra, aromas florales, especiado, regaliz, cacao.

BOCA
Amplio, equilibrado, tanino redondo, buena longitud.

LOS MOMENTOS DEL VINO

Decía Oscar Wilde que los placeres más simples resultan a menudo refugio idóneo de espíritus complejos. Los Cantos, con su toque de mineralidad salina incita a salivar, abre el apetito y combina a la perfección con la mesa de los placeres humildes. Una copa de aperitivo, unas almendras, buenas olivas, las croquetas de cocineros aplicados... Solo eso, el sencillo coraje de quererse.

Otros descubrimientos

Hallazgo para amantes de los riberas elegantes, **Cair Cuvée** (8,80 €) aventura en tierras burgalesas de la bodega riojana Luis Cañas una expresión de la tempranillo con la compañía amable del merlot y nueve meses de madera.

ENOTURISMO

Torremilanos se erige como un *château* francés donde la bodega preside el viñedo. Cuenta con un excelente hotel, restaurante y unas magníficas instalaciones para perderse en la Ribera. Entre las actividades, ofrece espectáculos de cetrería para conocer el trabajo que las rapaces desarrollan en el control de la uva frente a los golosos pajarillos.

Finca Torremilanos
Ctra. N-122, km 274 • Aranda de Duero, Burgos
www.torremilanos.com • tel. 947 512 852
Visitas enoturismo: Sí • Venta en línea: Sí

52

Sumario

Prólogo

Me gustan las guías personales. Aquellas que, además de la descripción formal y sensorial del vino, retratan a los que los hacen en su universo de botellas, toneles y viñedos. Y esta es una de ellas. Y no es por un sentimiento de añoranza de aquella guía personal que escribí en 1983 llamada *Mis 101 mejores vinos* por aquello del capicúa (fue la primera en puntuar los vinos en España), en la que puse más atrevimiento que pasión. Y es que el mensaje es más espacioso que la simple descripción del vino.

Alicia Estrada, por el contrario, ha puesto más pasión que atrevimiento en este libro porque lleva un recorrido de cinco ediciones de sus mejores "cienes". Pero ¿qué hace una filóloga en el cosmos del vino? Lo suficiente para entender su historia, su cultura, su sociología y su paisaje. Su historia por su condición académica, estudiando la evolución en el tiempo de las lenguas y de los pueblos. Su cultura por lo que es el vino en la lírica literaria y su uso en las sociedades mediterráneas. Su sociología por conocer el comportamiento de esa sociedad en sus costumbres y tradiciones en lo relativo al vino. Su paisaje porque el viñedo y sus gentes han sido el retrato más natural e identificativo de los tres elementos citados. ¿Y la enología? No le hace falta. El vino es mucho más inmenso que el conocimiento de las técnicas y del análisis científico. El *hacer* tiene menos de imaginación que el *beber*.

Con este arsenal, mi amiga Alicia se pone a contar sus ensoñaciones con un escogido número de vinos seleccionados de las cinco ediciones anuales de su libro *Los 100 mejores vinos por menos de 10 €*. Sí, 10 euros, lo prosaico del precio no está reñido con las sensaciones que la botella pueda inspirar a la autora. No es un libro para el borrachín empedernido que va de tasca en tasca vaciando chatos como decía mi admirado Xavier Domingo hace más de 30 años. Esta mujer desmenuza con sosiego y quietud los mejores de sus cinco *Mejores*, lo cual le da más lucidez a su descripción. Ella dice que le gusta catar sola, en silencio, para que nada turbe sus papilas ni su inspiración;

me imagino que este escenario lo busca también para atar en corto su pasión.

No se debe interpretar como una guía de marcas puntuadas y hecha para alejar incertidumbres del comprador de vinos. Es para obtener cómplices emocionales que puedan entender que existen vinos, como ella dice, expansivos y corales, ruidosos, para la amistad y la reunión compartida. Vinos de motivación, aquellas botellas que cada cual debe tener para celebrar el esfuerzo y no tanto el éxito. Los *sexy wine,* vinos para seducir, o sea, para expresar a través del vino cómo somos. Vinos desalterantes, capaces de cambiar el agua que calma por un vino fácil, sin complicaciones, que te permitan pasar en un plis plas del modo *on* de trabajo al modo *off* de descanso. Vinos que puedas beber mientras cocinas y compartes con algún cocinillas. Vinos para beber solo, introspectivos, de reflexión delante de una chimenea.

Alicia se impone transmitir estos momentos del vino. Aquellas botellas capaces de convertir lo cotidiano en un momento especial. Y como ya he dicho, son 100 vinos entre los señalados en sus cinco guías, no medidos por la calidad, que se da por descontada, sino por lo que los franceses denominan *"cup de coeur",* esos vinos personales que a ella le tocan la fibra emocional.

Es posible que a Alicia le haya quitado el sueño reseñar solo marcas demasiado ocultas para el comprador. Por eso también encuentra tranquilidad incluyendo las marcas que están en la mente de todos.

Como dijo el poeta y ensayista inglés Matthew Arnold: "Desgraciadamente son pocos los que sienten una pasión y quieren sacar de ella alguna enseñanza". Ojalá sean muchos gracias al trabajo de Alicia Estrada.

José Peñín

Cataterapia

Decía Borges que nadie sale ileso de la lectura de un buen libro. Tampoco se sale indemne cuando se ha disfrutado de ciertos vinos, porque el vino tiene la gran capacidad de movilizar la pasión. Un buen vino siempre toca el alma, como una pequeña obra de arte o como una pieza musical sentida en un momento especial. Eso sí, solo toca el corazón de la gente que tiene corazón.

No se bebe para olvidar, los buenos vinos se beben para recordar; lo escribía Álvaro Cunqueiro. El vino siempre ha hecho un gran esfuerzo por hacerse amigo del hombre, por habitarle los sueños, por despertarle la memoria... por eso invita a la charla sosegada, a la filosofía, a hablar de las camelias. A hablar de flores, de días de verano, de sueños indulgentes. ¿Cuándo tenemos tiempo para hablar de cosas realmente importantes? Pocas veces. Pero en la medida que abrimos una botella de vino, la dejamos oxigenar, la compartimos, la comentamos, la sentimos, en la medida que le damos tiempo al vino, nos lo damos a nosotros mismos, y en esas pausas a contracorriente movilizamos recuerdos, pasiones, alegría o amistad.

Así el vino que no se bebe para quitar la sed, que nos exige tiempo para devolvérnoslo, se convierte en amigo, en confidente y siempre en cómplice. Surgen entonces los vinos de celebración; los de motivación y autoayuda, que nos impulsan dulcemente a superar pequeños momentos de bajón; los vinos de apoyo moral al cocinero o cocinera, esos vinitos que necesariamente han de armonizar con gambas y secretos de cocina, mientras la familia disfruta del jardín o la terraza; los vinos de reflexión, que acompañan fines de semana de análisis. Es apurar la última copa y se diría que la decisión llega rauda; los vinos de fondo de bodega, que igual de bien acompañan un salmón que animan una reunión improvisada; los vinos desalterantes, fáciles de tomar, sin complicaciones, que obran el milagro de apagar el modo "trabajo" y colocarnos en el modo "relax"; los *sexy wine*, que acompañan la intimidad tranquila de la pareja, o los más tórridos, que nos visten para el remate y la horizontalidad inminente.

Cataterapia, una forma sencilla y cotidiana de vivir el *carpe diem*, como tener paraguas de colores para los días grises. Esta es la filosofía de esta pequeña guía, buenos vinos, ¡sí!, pero vinos para vivir más que para beber, vinos amigos, compañeros, vinos emocionales... ¡El vino tiene magia y quien tiene magia, no precisa trucos!

Rossini, el gran compositor italiano y excelente gastrónomo, tenía razón: "Comer y amar, cantar y digerir: estos son en verdad los cuatro actos de una ópera bufa llamada vida, que se desvanece como la espuma de una botella de champán. Quien la deja escapar sin haberla disfrutado, está loco".

No se trata de huir de las tormentas. No. Se trata de aprender a bailar bajo la lluvia con una copa de vino en la mano y buenos amigos. ¡Salud!

Alicia Estrada

Nota de la autora: El vino se disfruta con moderación.
Es a la vida a lo que hay que ponerle pasión.

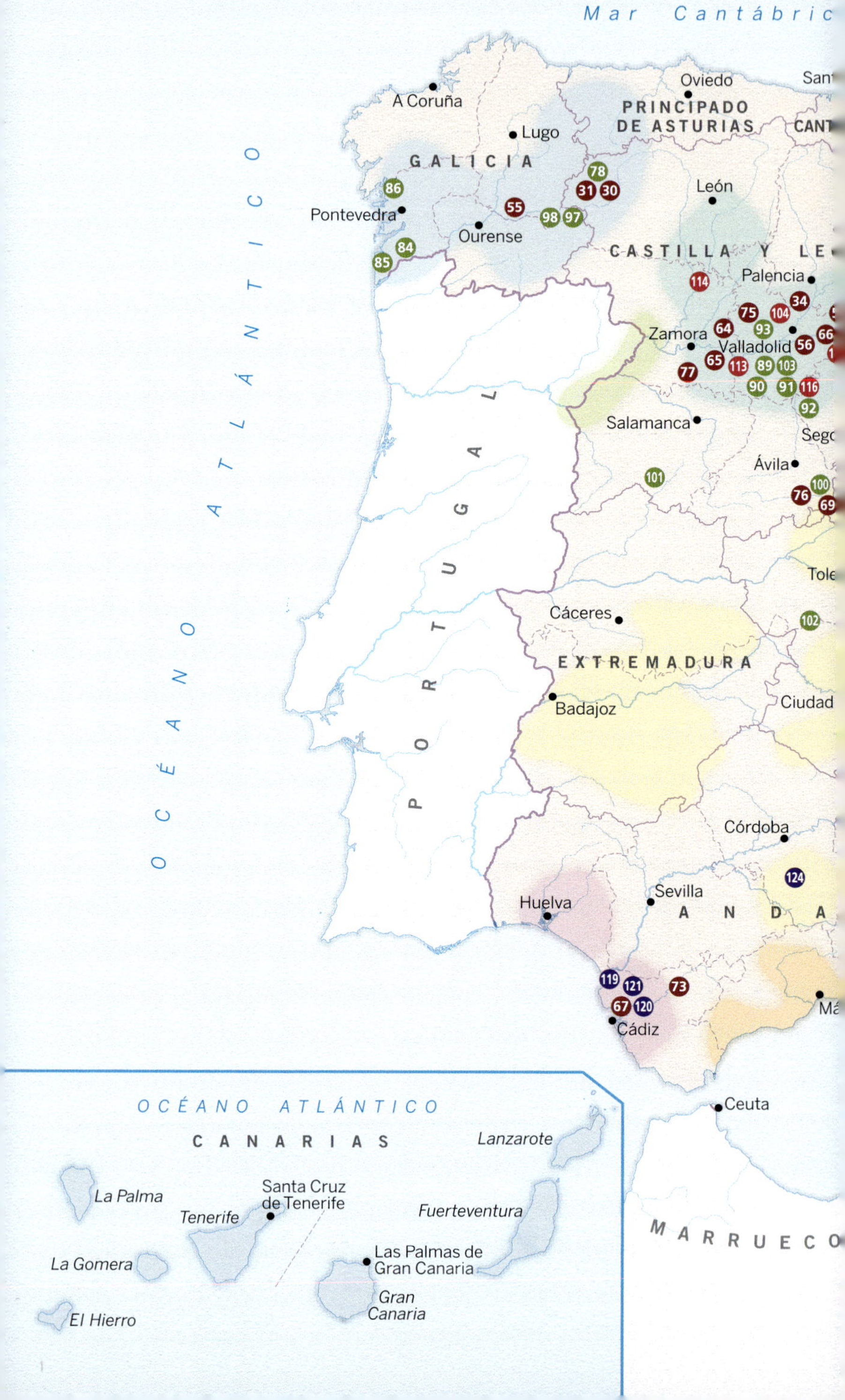
Mar Cantábric
OCÉANO ATLÁNTICO
A Coruña
Lugo
Oviedo
PRINCIPADO DE ASTURIAS
CANT
GALICIA
Pontevedra
Ourense
León
CASTILLA Y LE
Palencia
Zamora
Valladolid
Salamanca
Ávila
Sego
PORTUGAL
Tole
Cáceres
EXTREMADURA
Badajoz
Ciudad
Córdoba
Huelva
Sevilla
ANDA
Cádiz
Má
Ceuta
MARRUECO
OCÉANO ATLÁNTICO
CANARIAS
Lanzarote
La Palma
Santa Cruz de Tenerife
Tenerife
Fuerteventura
La Gomera
Las Palmas de Gran Canaria
Gran Canaria
El Hierro
78
31
30
86
55
98
97
84
85
114
34
75
104
64
93
66
56
65
113
89
103
77
90
91
116
92
101
100
76
69
102
124
119
121
73
67
120

FRANCIA
Donostia-San Sebastián
PAÍS VASCO
Vitoria-Gasteiz
COMUNIDAD FORAL DE NAVARRA
Pamplona/Iruña
Logroño
LA RIOJA
Soria
Huesca
ARAGÓN
Zaragoza
ANDORRA
CATALUÑA
Girona
Lleida
Barcelona
Tarragona
Guadalajara
Teruel
Cuenca
Castellón de la Plana/
Castelló de la Plana
COMUNIDAD VALENCIANA
Valencia
MANCHA
Albacete
Alicante/
Alacant
REGIÓN DE MURCIA
Murcia
Almería
Melilla
BALEARES
Menorca
Mallorca
Palma
Eivissa
Mar Mediterráneo
ARGELIA
79 112 62 111 59 58 57 127 60 61 88 81 115 87 45 105 44 106 107 126 94 118 36 83 108 96 82 35 47 46 43 42 63 95 125 50 70 33 71 40 123 72 39 74 29 99 68 117 80 122 37 38 28 32
39 Tintos
90 Blancos
106 Rosados
120 Dulces y generosos
El número se corresponde con la página donde aparece el vino.
Clima atlántico
Clima atlántico-continental
Clima continental-atlántico
Clima continental-mediterráneo
Clima mediterráneo
Clima atlántico-mediterráneo

TOP 10

SEMELE CRIANZA 2014 I D.O. RIBERA DEL DUERO

DIVINO

Semele no es un ribera clásico. Privilegia frescor y fruta, con una madera bien integrada y un tono muy amable. Procede de los viñedos de Monte Alto, en plena Milla de Oro ribereña, suelos arcillo-calcáreos que transmiten al vino complejidad y finura. Semele se bebe desde la cercanía, como se habla con un amigo. (p. 53)

EMILIO VALERIO 2014 I D.O. NAVARRA

VINOS ANCESTRALES

El proyecto familiar enraizado con la tradición de Tierra Estella, santuario de biodiversidad, guardián de una agricultura fósil. Biodiversidad embotellada: viña ecológica, labor primorosa con cada variedad, con cada suelo y parcela; solo depósitos de hormigón y madera vieja para acariciar la fruta sin maquillarla. Vino con alma. (p. 45)

ARTUKE PIES NEGROS 2015 I D.O. CA. RIOJA

DEJANDO HUELLA

Pies Negros recuerda el pisado tradicional de las uvas que aún hoy en día se sigue practicando para elaborar este tinto. Rioja de perfil moderno, tempranillo con un toque de graciano, su paso por madera enfatiza la fruta y la frescura de un tinto que desde la innovación sabe mantener la tipicidad. (p. 60)

LOSADA 2015 I D.O. BIERZO

LA MENCÍA MÁS ELEGANTE

Viñedo viejo del Bierzo sobre suelos arcillosos, buscando incidir en el carácter más elegante de la mencía. Sobre estos suelos el hollejo de la uva se torna más fino, la estructura tánica se suaviza y el vino gana poesía. Se mantiene la frescura de la variedad, pero hilvanada con mayor sutilidad. (p. 31)

NAVAHERREROS BLANCO DE BERNABELEVA 2015
D.O. VINOS DE MADRID

RECUPERANDO EL PASADO

Interpretación personal del tradicional blanco de San Martín, albillo octogenaria en compañía de macabeo, aquí cada variedad sigue su ritmo, trabajada por separado, buscando su mejor expresión, la albillo en barricas, su compañera en fudres. Este es un blanco complejo, expresión de fruta blanca madura sobre un fondo mineral. (p. 100)

TOP 10

FINCA LA COLINA VERDEJO CIEN X CIEN 2016

D.O. RUEDA

ESENCIA DE RUEDA

Vino de finca, procedente de un único viñedo, viejo y de marcada personalidad, poco productivo, que traslada al vino la esencia y mineralidad de las tierras altas, pobres y cascajosas de La Seca, cuna de ruedas muy personales. El tiempo enfatiza aún más su complejidad y la expresión concentrada de la viña vieja. (p. 93)

MARTÍ FABRA SELECCIÓ VINYES VELLES 2015

D.O. EMPORDÀ

VINOS DE TRAMONTANA

Las raíces de la familia Carrera se hunden en el Empordà desde la Edad Media. Allí continúa su viñedo ancestral y por allí se pasea sin piedad la tramontana. Potencia que se siente caricia, fruta madura dominando la madera y la redondez del viñedo viejo dan lugar a un vino sincero, sin maquillajes, agreste pero elegante, alma del Empordà. (p. 36)

CLOS LOJÉN 2016 | D.O. MANCHUELA

FRESCURA BOBAL

Expresión fresca y jugosa de la bobal mediterránea; viñedo viejo en vaso, trabajado de forma tradicional; solo levadura autóctona aportada por la uva; mínimas intervenciones en bodega, sin filtrado ni clarificado, y el empeño de la familia Ponce por narrar en su vino la relación generacional con esta tierra. (p. 39)

MONTENOVO 2016 | D.O. VALDEORRAS

LA OTRA GALICIA BLANCA

El viñedo blanco de Galicia es albariño pero también otras variedades como la godello, que aquí muestra su perfil más mineral, su tacto graso y sus perfumes delicados, con una acidez que refresca sin ser punzante. Montenovo se elabora con viñedo aún joven, puerta de entrada a los grandes blancos de Valdeorras. (p. 97)

ALVEAR PEDRO XIMÉNEZ DE AÑADA 2014

D.O. MONTILLA-MORILES

EVOLUCIÓN Y REVOLUCIÓN

La innovación también llega a los vinos más clásicos, favoreciendo la evolución desde los pedro ximénez clásicos y densos a unos vinos de una dulzura fresca y más ligera, adaptada a los gustos del consumidor. Se mantiene el espíritu de la pasera, y el sistema de criaderas y solera da pie a una crianza estática con uvas de añada. (p. 124)

Cómo se ha elaborado esta guía

CINCO AÑOS DE VINOS INOLVIDABLES

A lo largo de cinco años esta guía ha recogido en sus diferentes ediciones anuales 500 grandes vinos por menos de 10 €, 100 vinos nuevos por año. Con esta nueva edición, la sexta, el objetivo ha sido seleccionar **100 vinos inolvidables** entre todos los publicados.

En este camino iniciado en el 2013, los relatos de los vinos, como las historias de las personas, han evolucionado; algunos vinos han cambiado, otros han desaparecido y algunos se han renovado totalmente, modificando incluso el nombre aunque manteniendo el espíritu de su antecesor. Con todos ellos se ha realizado una preselección inicial. Todos los vinos han sido de nuevo catados. Todas las fichas de los vinos seleccionados finalmente han sido revisadas y actualizadas.

Como **novedad en esta edición,** se ha añadido un capítulo nuevo, ***"Grown wines", vinos que han crecido,*** una selección de 30 grandes vinos de entre 10,50 y 15 €, de gran calidad, que han aparecido en alguna edición anterior de esta guía y que hoy difícilmente se encuentran por menos de 10 €. Son vinos para ocasiones especiales que ofrecen al consumidor una excelente relación entre su precio y el placer que regalan.

Como siempre, esta guía ha mantenido para la elección de los vinos **criterios de absoluta independencia.** El único criterio válido para aparecer en este libro ha sido la selección realizada por la autora mediante cata. En algunos casos la elección de los vinos ha sido realizada por un comité de cata dirigido igualmente por Alicia Estrada.

SELECCIÓN DE VINOS DE ESTA GUÍA

En esta guía se ha procurado que estén representados el mayor número posible de territorios de vino, destacando aquellos que conforman las preferencias de compra de los consumidores.

La selección de bodegas ha procurado ser lo más amplia y diversificada posible. El espíritu de este libro privilegia especialmente bodegas artesanas y pequeños productores.

Siempre se han primado y así se ha seguido haciendo en la presente edición, vinos de variedades locales minoritarias, vinos de elaboración peculiar o vinos patrimoniales que atestiguan formas de vinificar tradicionales y, a menudo olvidadas. Sin embargo, no se han obviado ejemplos de bodegas más grandes que elaboran producto diferencial.

PRECIOS DE LOS VINOS DE ESTA GUÍA

Todos los vinos de esta guía aparecen con un precio indicativo que normalmente se ha promediado de los que ofrecen diferentes enotecas de venta en línea. Este precio incluye el IVA, pero no los gastos de transporte asociados al envío de botellas.

Se indica también en cada caso si la bodega vende sus propios vinos en línea. Hay que tener en cuenta que normalmente, y por respeto a los precios de sus distribuidores, las bodegas que ofrecen venta directa de sus vinos en la red suelen mantenerse en la gama alta de precios, aunque no siempre es así.

CRITERIOS DE PRESENTACIÓN DE LOS VINOS

Los diferentes vinos están presentados por tipologías: tintos, blancos, rosados y un último capítulo de dulces y generosos. Dentro de cada sección, se presentan organizados por denominaciones de origen (D.O.), apareciendo luego los vinos de pago, los vinos con denominaciones de origen protegidas (D.O.P.), los vinos de la tierra (V.T.) y, en último lugar, los vinos de mesa. Dentro de cada división se ordenan alfabéticamente y por precio, del más económico al de mayor coste. Los vinos ecológicos y naturales aparecen diferenciados por una marca verde que indica su condición.

Cómo elegir un vino

10 PUNTOS IMPRESCINDIBLES PARA NO CONFUNDIRSE

En este decálogo se recogen algunas normas sencillas para triunfar en el arte de llevar excelentes vinos a la mesa. La labor no es difícil, aunque exige ciertas dotes detectivescas y espíritu curioso.

1. Acudir a un profesional y pedir consejo. En la enoteca, en el bar de vinos o con el sumiller del restaurante, no hay que tener ningún complejo a la hora de explicar de forma coloquial cómo es el vino que se busca: "Me gustan los tintos ligeros, con fruta, frescos. Un día probé un merlot francés y me encantó". Se pueden aportar referencias de marcas para ayudar al profesional en su prospección, marcas favoritas o vinos considerados no gratos. Si se tiene preferencia por alguna variedad o territorio en concreto, se debe indicar también.

2. Quien tenga tiempo, le gusten las **redes sociales** y le divierta investigar, puede conversar o escuchar a la gran cantidad de aficionados que día a día hablan del vino a través de sus **blogs y páginas de comunidad.** Una página interesante para encontrarse con una gran comunidad de aficionados al vino es www.verema.com. Por supuesto, en las librerías el aficionado al vino encontrará numerosas **publicaciones especializadas.**

3. Hay que tener en cuenta la comida que va a acompañar al vino y también la ocasión que provoca el encuentro. Una comida ligera y estival se acompañará por lo general con un vino de las mismas características: un tinto joven, un rosado fragante, quizá un blanco sin barrica. Una mesa de celebración requiere un vino más solemne. También hay vinos que acompañan el aperitivo o prestan apoyo espiritual mientras se cocina. Hay que ser capaz de proyectar el vino en la situación en la que será consumido y tratar de que vino, gastronomía y momento caminen de la mano y sin desacuerdos.

4. A la hora de compartir un vino, es importante también pensar en las personas con las que se va a disfrutar. Su edad, sus gustos, su forma de pensar y su perfil marcarán el carácter del vino. En "Los momentos del vino" de este libro se descubrirán sugerencias para compartir vinos con amigos esnobs, con cuñados aquejados de riojitis clásica, con vecinos bio, eco y otras lindezas sostenibles, con colegas intelectuales, con el jefe, con hermanos divertidos, con la pareja, etc.

5. ¿Hay vinos especialmente indicados para mujeres? Es cierto que muchas mujeres prefieren los vinos blancos a los tintos, los afrutados a los secos y que se decantan por tintos ligeros en lugar de vinos con cuerpo, pero cuesta creer que la elección esté vinculada al género. El gusto por el vino tiene mucho que ver con la experiencia de cada uno, pero no solo en relación con el vino, también en referencia con comidas y sabores (alimentos fuertes, picantes... frente a comidas ligeras y poco especiadas). Quien se inicia en el mundo del vino y llega con una experiencia sensorial limitada, buscará vinos más sencillos y suaves. Conocer el vino es una carrera de largo recorrido, por lo que cualquier persona con intereses enológicos finalmente llegará a los vinos más complejos, sea hombre o mujer.

6. Valorar las denominaciones de origen periféricas o emergentes. A menudo sus vinos resultan más económicos que otros de territorios más reconocidos. **No hay que tener miedo a poner en la mesa vinos sin denominación de origen, vinos de mesa o vinos de la tierra.** Una etiqueta de un consejo regulador puede ser un aval de un determinado perfil de calidad, pero su ausencia no implica lo contrario.

7. ¡Atención a los maridajes! Si el número de invitados a la mesa es grande y exige la compra de dos o más botellas de vino, quizá resulte más divertido y económico utilizar **vinos diferentes para platos distintos.** Se puede comprar un vino joven de

El vino tiene una liturgia y unos procesos que conviene conocer y respetar. No se trata de caer en esnobismos. Se trata de divertirse, de disfrutar más de momentos únicos, de compartir situaciones. El tiempo dedicado al vino, es un tiempo que cada uno se regala a sí mismo y a las personas que ama y con quien comparte el vino. Como decía Mae West, "solo se vive una vez, pero si se hace bien, una vez puede ser suficiente".

menor precio para acompañar una entrada ligera y ahorrar en el presupuesto para el reserva que maridará con el asado principal.

8. No pagar por lo que no se es capaz de disfrutar, aunque a veces conviene hacer concesiones al conocimiento y a la curiosidad. A medida que la experiencia con el vino aumenta, se es capaz de diferenciar nuevos aromas, más sabores y nuevos elementos, pero esta evolución exige un recorrido. Cuando la experiencia es incipiente, invertir 50 € en un vino de gran marca seguramente resultará una labor vana. Hay que acomodar las compras a la propia experiencia y, conforme se avance en conocimiento, ir pagando más para disfrutar mejor.

9. Leer las etiquetas de las botellas, pues son una fuente importantísima de información, especialmente en vinos españoles. No resultará tan fácil con vinos franceses, p. ej., parcos y escuetos al límite. Muchas etiquetas hablan de variedades, formas de vinificación, edad del viñedo, altitud de la viña, tipología de suelos, crianza, características del roble, etc. Cada dato hablará del vino y aportará pistas para la toma de decisiones.

10. Comprar el vino en tiendas y enotecas con rotación y buenas instalaciones. Un establecimiento que vende vino debe contar con unos mínimos necesarios. Los vinos no pueden estar en el escaparate ni desprotegidos ante la luz y los cambios de temperatura. Salvo los vinos jóvenes, cavas, generosos y vinos de muy alta rotación, es conveniente que el resto se posicione en horizontal de tal forma que el líquido esté siempre en contacto con el corcho. Los vinos más delicados y más viejos deberían ser conservados en una cava especial o en una habitación climatizada. Un comercio que cuida el vino no tendrá botellas llenas de polvo, sucias o con etiquetas rotas.

Cómo guardar y servir el vino

DECÁLOGO PARA NO CONFUNDIRSE

1. El primer pensamiento a la hora de almacenar vino en casa es saber dónde hacerlo. **Debe contarse con un lugar adecuado para conservar los vinos en buenas condiciones.** Lo ideal sería disponer de una bodega, trastero o sótano, libre de calefacción y aire acondicionado. El lugar elegido debería cumplir además otras consideraciones, como estar al abrigo de la luz, mantener una temperatura constante (entre 12 y 16 °C), estar alejado de fuentes de olores, disponer de buena ventilación y contar con un cierto nivel de humedad (entre el 70 y el 75%).

2. A ningún vino le sientan bien las vibraciones continuas, incluidas vibraciones sonoras, pues pueden generar fatiga en el producto, desencadenante de evoluciones indeseadas. Bien conocido es el término "mareo del vino", utilizado habitualmente al trasladar botellas en largos desplazamientos en coche. Unos días de reposo y buenas condiciones de mantenimiento habitualmente solucionan el problema. Hoy en día conviene aplicar precauciones similares con las compras de vinos en línea.

3. Si no se cuenta con un espacio específico para almacenamiento de vinos, convendría hacerse con una vinacoteca o armario cava, o buscar en la casa un sitio lo más adecuado posible y que de alguna forma cumpla las condiciones anteriores. **Se debe adecuar la compra de vino al espacio disponible para su buena guarda y a la rotación que cada amante del vino le dé a sus propias existencias.**

4. Una nevera doméstica no es una cava de vino y no sirve para conservar vinos. Si se mete un vino en la nevera con el fin de subir su temperatura, será necesario consumirlo de inmediato. Si no queda otro remedio más que enfriarlo por este medio, habrá que evitar colocarlo en la puerta y someterlo a agitaciones continuas con la apertura y cierre del frigorífico. **El frío intenso y los cambios de temperatura bruscos son enemigos del vino.** La mejor forma de enfriar un vino es utilizar una cubitera con agua y hielo.

5. La tipología de vino marca la temperatura de servicio, pero aquí también pueden entrar en juego los gustos personales. Una cosa es catar y otra es comer con vino. En la cata hay una preferencia por los vinos algo más tibios que en la mesa, con el fin de captar mejor aromas y texturas.

TERMÓMETRO DEL VINO

- **Rosados:** 7-10ºC
- **Blancos jóvenes:** 7-10ºC
- **Blancos con madera:** 10-12ºC
- **Dulces:** 10-12ºC
- **Tintos jóvenes:** 12-14ºC
- **Tintos con crianzas cortas:** 14-16ºC
- **Tintos reserva y grandes reservas:** 16-18ºC

6. Los vinos deben conservarse siempre en posición horizontal, de tal forma que el líquido esté en contacto permanente con el corcho. **Hay algunas excepciones**. Los vinos jóvenes y los provistos con tapón de silicona o de rosca se mantienen perfectamente en posición vertical. Lo mismo ocurre con los vinos espumosos, los generosos y de licor. En general se mantendrán verticales los vinos de Jerez, de Madeira, los oportos... y muchos vinos dulces con graduaciones altas, en torno a 17 ºC.

7. Una cosa es el momento en el que el vino sale al mercado y otra su momento óptimo de consumo. El vino es un organismo vivo que tiene una evolución temporal. Su curso está marcado primero por una curva ascendente, el tiempo en que el vino mejora en la botella hasta alcanzar su plenitud; este cenit corresponde al lapso de tiempo en que el vino proporciona mayor placer. A partir de ahí comienza la curva descendente. Por ello resulta imprescindible que, a la hora de hacer sus compras, el amante del vino se cerciore siempre de la añada del vino.

8. Hay factores, como la barrica, el tipo de vinificación, la variedad etc. que otorgan **longevidad al vino.** Para conocer la vida útil de un vino pueden considerarse, en general, las siguientes pautas:

- **Tintos de maceración carbónica** (Cosecheros de la Rioja Alavesa y de otras zonas de España y vinos de Beaujolais) Deben ser consumidos en el año.
- **Tintos jóvenes, sin madera** De 1 a 2 años y algunos podrían llegar a 3 años.

- **Tintos crianza** De 3 a 5 años.
- **Tintos reserva** De 5 a 7 años.
- **Tintos gran reserva** Entre 8 y 12 años, e incluso muchos años más.
- **Blancos jóvenes** De 1 a 2 años y alguno podrían llegar incluso a 3 años (ruedas de calidad, vinos de zonas atlánticas como godellos, buenos albariños, etc.).
- **Blancos con crianza en madera** De 3 a 5 años y algunos vinos con muchos años en barrica, incluso mayor duración.
- **Rosados jóvenes** En general son vinos para consumir en el año.

9. El vino debe servirse siempre en copas de cristal, nunca de vidrio y menos aún en vasos. Por un lado, la porosidad del cristal actúa como una campana que propaga y multiplica los aromas del vino, especialmente cuando lo agitamos y bañamos con el vino la superficie de la copa. Por otra parte, la forma de la copa está diseñada para canalizar de la mejor forma posible los aromas del vino hacia la nariz. El vidrio carece de las propiedades de porosidad del cristal, por lo tanto no ayudará a disfrutar de los perfumes de un buen vino.

Conviene hacer una pequeña inversión en buenas copas de cristal. Se puede elegir un modelo válido para múltiples situaciones y tipologías de vino y, conforme se aprende a disfrutar más de algunos vinos, hacerse con las copas más adecuadas.

10. Una vez abierto el vino, si no se ha consumido completamente, habrá que buscar la mejor forma de conservarlo. Un vino tinto abierto dura un máximo de una semana antes de comenzar a degradarse, los blancos y rosados tres o cuatro días o menos, y los vinos dulces son los más duraderos. Conviene utilizar una bomba de vacío para extraer el aire de la botella. Los vinos abiertos deben conservarse siempre en posición vertical para que el oxígeno solo entre en contacto con la parte superficial y no con todo el líquido, lo que ayudará a una degradación más lenta.

Los amantes del vino o quien pueda disfrutar de grandes botellas deberían contar con un aparato que permita servir el vino sin descorchar la botella. El más conocido de todos es el llamado Coravin, que inserta una aguja de tipo quirúrgico en el corcho a la par que introduce un gas noble en el interior. La propia presión ejercida hace que el vino salga por el escanciador. Una vez realizada la operación, la elasticidad del corcho le permite volver a su estado inicial y el vino puede seguir evolucionando en la botella durante muchísimo tiempo. Su coste mínimo está en torno a 200 €.

Momentos y vino

DICEN QUE UNO SIEMPRE VUELVE A LOS VINOS EN QUE FUE FELIZ...

Aunque se habla de maridajes del vino, lo cierto es que elegir uno para un momento concreto tiene que ver con algo más que la comida. Las armonías a menudo resultan más emocionales que gastronómicas. Importa la situación que se celebra, el motivo para la reunión, las personas que acompañan, la sede elegida, el objetivo del encuentro y, desde luego, el propio estado emocional. De esta forma, el vino se convierte en fiesta, en tradición, en

MOMENTOS	ELEGIR UN VINO PARA EL MOMENTO	
	Tintos	Blancos
Autoayuda	32, 43, 44, 54, 64	81, 97
Motivación	31, 46, 55, 62, 75	84
Sexy wine	36, 58	92, 94, 100
Inspiración	40, 45, 61, 69	108
Regalo		101
Celebración **Mesa compartida**	47, 59, 67	78, 87, 95
Reunión informal	30, 70, 72, 74	88, 90
Copas y charla (aperitivo)	42, 49	79, 82
Gourmet	34 (Trufas) 35 (Steak tartar) 51 (Cocidos) 56 (Chocolate) 57 (Cocina picante)	83 (Cocina japonesa) 96 (Arroces)
Vinos de introspección, meditación	50, 76, 77	85, 93, 98
Para todos los días	28, 48	
Carpe diem	37, 60, 65	91
Vino placer	38, 52, 53, 71	
Vino desalterante	41	80
Fondo de bodega	29, 33, 73	89
Apoyo moral al cocinero		99, 102
Botiquín del epicúreo	39, 63, 66, 68	86

compañero de pasiones, en apoyo a la reflexión o en alternativa médica para ánimos inciertos y momentos bajos, aunque entonces la prescripción del vino se aconseja que vaya unida a la palabra del amigo y la copa compartida.

En la tabla adjunta se muestran propuestas para unir vinos y momentos. Únicamente son una insinuación para que cada lector construya su propio barómetro emocional. (Se relaciona el número de página de cada vino.)

MOMENTOS	ELEGIR UN VINO PARA EL MOMENTO	
	Rosados	Dulces y generosos
Autoayuda	111	124
Motivación	113, 115	119
Sexy wine	106	117, 126
Inspiración	112	123
Regalo	110	
Celebración Mesa compartida		118, 127
Reunión informal	104, 114	
Copas y charla (aperitivo)	107	120
Gourmet	109 (Sardinada)	125 (Queso azul)
Vinos de introspección, meditación		121
Para todos los días	105	
Carpe diem	108, 116	
Vino placer		122
Vino desalterante		
Fondo de bodega		
Apoyo moral al cocinero		
Botiquín del epicúreo		

Armonías entre vinos y comidas

Hay mucho de gustos personales en los maridajes, y así debe ser. Existen, sin embargo, algunas reglas básicas que pueden simplificar el trabajo de elección. La siguiente tabla pretende ofrecer respuestas simples, válidas para un gran número de situaciones.

	1 Blancos ligeros	2 Blancos con cuerpo	3 Dulces y licorosos
Aperitivo	*		*
Entradas, legumbres		*	
Embutidos			
Foie-gras			*
Marisco		*	
Marisco (piezas pequeñas)	*	*	
Pescado plancha	*		
Pescado salseado		*	
Caza pelo			
Caza pluma			
Cocina exótica			*
Carnes blancas		*	
Carnes rojas plancha			
Carnes salseadas			
Aves		*	
Pasta, pizzas	*	*	
Postres			*

LOS MARIDAJES DEL 'GOURMET'

- **Blancos ligeros,** afrutados y muy frescos, sin paso por madera, como los vinos gallegos de albariño o godello, algunos vinos de sauvignon blanc, ciertos ruedas, txakoli vasco, etc. Resultan apropiados como aperitivos y para acompañar pescados a la plancha, ostras, almejas, gambas, etc., incluso aves en preparaciones sencillas.
- **Blancos potentes,** untuosos y con estructura, como los vinos madurados sobre sus lías, fermentados en barrica o criados en madera. Los vinos de chardonnay, incluso sin madera, de factura mediterránea pueden considerarse en este grupo por su estructura: hacen buenas migas con los mariscos más importantes, aves, carnes blancas etc. La madera y los tonos cremosos de estos vinos sientan bien a los ahumados y los pescados salseados.
- **Blancos licorosos,** que pueden ser apropiados para el *foie* si tienen el suficiente nervio. Generalmente no se considerarían en este apartado los moscateles, que tienden a ser vinos de postre. Los blancos y, especialmente, los tintos de licor y con nervio son muy recomendables para combinar con quesos azules suaves.
- **Rosados sin madera,** como los vinos de Navarra, de Cigales, riojas piel de cebolla, asalmonados, etc., acompañan bien la cocina más estival y ligera, también pasta, ensaladas, charcutería, etc.
- **Rosados potentes,** untuosos y aromáticos, a veces con madera o sobre lías ligan bien con las carnes blancas, las carnes rojas a la plancha, la cocina exótica y algunos platos de pasta real-

4	5	6	7	8	9
Rosados ligeros	Rosados potentes	Tintos ligeros	Tintos potentes	Tintos de cuerpo medio	Cavas
*		*		*	*
	*	*		*	
*		*		*	
					*
					*
					*
	*	*			*
			*	*	
		*	*	*	
	*	*			
	*	*			*
	*	*	*		
			*	*	
		*		*	
*		*		*	
					*

mente importantes. Pueden ser una alternativa a los tintos con cuerpo cuando apetece vino fresco pero la comida exige una cierta estructura.

- **Tintos ligeros,** afrutados y sedosos, como muchos tintos atlánticos, incluso vinos de maceración carbónica riojanos, son buenos compañeros de aperitivos, pasta y *pizzas,* carnes blancas, aves, carnes rojas a la plancha, etc. Muchas veces, cuando hay comidas gelatinosas o grasientas se eligen estos vinos buscando la limpieza del paladar entre trago y trago.
- **Tintos con cuerpo** y estructura, como los vinos mediterráneos, catalanes, o incluso algunos vinos tradicionales de la Meseta como Toro, convienen a la cocina invernal y más potente, necesitada de un vino que soporte bien su estructura: carnes rojas a la plancha, platos salseados, caza, grandes asados, etc.
- **Tintos de cuerpo medio,** como muchos riojas y ciertos vinos atlánticos gallegos con estructura, del Bierzo o de Tierras de León, combinan bien con asados, guisos, platos salseados, caza, etc. Pueden acompañar también pescados azules o pescados en salsa.
- **Cava.** No están incluido en este manual, pero deben considerarse una opción de maridaje no solo válida para aperitivos y postres, sino también para acompañar una comida completa. En general, los platos grasos exigen un brut nature o un extra brut; los dulces, un rosado, semi o dulce; los ácidos, un brut; los suaves y ligeros, un cava joven o reserva; y los fuertes y especiados, un gran reserva.

LOS 100 MEJORES VINOS POR MENOS DE 10€

Tarima Monastrell 2015

Este es un tinto insuperable por precio y calidad, liberado de la redoma de un genio del vino. Jorge Ordóñez reposicionó la imagen del vino español en EE UU al introducir el concepto de "auténtico pero moderno". En nuestro país, Ordóñez lidera pequeñas bodegas y grandes éxitos. Su filosofía de trabajo supone siempre la vuelta al cultivo tradicional y a las variedades autóctonas de cada región. Quizá de aquí nazca la inspiración del nombre de la bodega, Volver.

Tarima es un monastrell con cuerpo, goloso y maduro pero fresco y equilibrado; viñedo treintañero en vaso, sin regadío, para hacer trabajar a la vid, plantado en altitud, a 650 m, buscando el refresco de los cambios térmicos.

4,90 €

D.O. Alicante

Bodegas Volver
100% monastrell
Barrica: 6 meses
Grados: 14,5%

NOTAS DE CATA

VISTA
Picota, capa alta.

NARIZ
Buena intensidad, fruta negra madura, fondo especiado, hierbas mediterráneas, regaliz, cacao.

BOCA
Ataque potente, estructurado, carnoso, fresco, taninos maduros, largo.

LOS MOMENTOS DEL VINO

Nadie sabe exactamente cómo vivir y todo el mundo improvisa. La vida no llega con manual de uso, aunque casi siempre viene con manual de subsistencia incluido. Primer capítulo del libro: la mejor red social es una mesa, rodeado de las personas que uno quiere. "Cuando mi madre nos daba el pan, repartía amor"; recuerdos del gran chef francés Joël Robuchon. Pan y vino, eucaristías cotidianas.

Otros descubrimientos

Un nuevo hallazgo alicantino es **Salinas Mo** (5,50 €), elaborado con monastrell y la compañía de cabernet y alicante bouschet. Con una crianza de cuatro meses, ofrece la nariz frutal de la monastrell, buen cuerpo y boca suave y amable.

ENOTURISMO

El vino de Alicante cuenta con una ruta certificada, organizada con una presencia destacable de bodegas, hasta 15, enotecas, recursos y museos de vino, hoteles especializados, etc. Su web www.rutadelvinodealicante.com resultará una excelente herramienta de planificación para conocer más de cerca los reinados de la monastrell y la dulce moscatel.

Bodegas Volver
Ctra. Pinoso-Fortuna, 1 • Pinoso, Alicante
www.bodegasvolver.com • tel. 966 185 624
Visitas enoturismo: No • Venta en línea: No

Laya 2016

5,40 €

D.O. Almansa

Bodegas Atalaya
Garnacha tintorera, monastrell
Barrica: 4 meses
Grados: 14,5%

La tintorera recibe su nombre de la capacidad de colorear el vino. Habitualmente el color de los tintos depende de la maceración del mosto con sus pieles. Con la tintorera ya va adelantado en el propio mosto parte del trabajo de extracción de color. Esta garnacha es la reina del viñedo de Almansa, modesta denominación albaceteña. Sus vinos formaron parte del rosario menos glorioso de tintos alcohólicos y potentes. Hoy disfrutamos de vinos excelentes.

Las armas de seducción masiva de Laya son su nariz rica en matices, su paso untuoso por boca, su fuerza que se muestra domesticada y amable, el buen equilibrio entre frescura y grado, y un precio apto incluso para congregaciones franciscanas.

NOTAS DE CATA

VISTA
Picota, capa alta.

NARIZ
Expresivo, fruta negra madura, balsámicos, especias dulces, notas de vainilla y cacao.

BOCA
Fresco, estructurado, envolvente, tanino maduro, final largo.

LOS MOMENTOS DEL VINO

Hay personas que, pudiendo hablar, carecen del arte de la conversación. Al contrario, Laya resulta en toda ocasión un buen anfitrión y agradable conversador. Quizá por ser de campo —la laya es, al fin y al cabo, un instrumento para labrar la tierra—, gusta de escenas sencillas y familiares, de reuniones cotidianas. Como pasa con los libros, no se precisa una gran biblioteca, solo una selección de buenos vinos.

ENOTURISMO

El castillo es símbolo de la ciudad de Almansa. Encaramado sobre el accidentado peñascal del cerro del Águila, ofrece desde su terraza almenada una vista privilegiada sobre el Corredor de Almansa, intuición de Levante en Castilla. Muy cerca se encuentra Alpera, otro gran centro del vino. De camino habrá que disfrutar con los ojos borrachos de viña.

Otros descubrimientos

Para amantes de la tintorera, otra gran propuesta es **La Huella de Adaras** (6,40 €). La garnacha acompañada en la edición del 2014 solo de monastrell, enfatiza el carácter mediterráneo de este gran vino de expresión caliza.

Bodegas Atalaya
Ctra. Nacional 330, km 96 • Almansa, Albacete
www.bodegasatalaya.es • tel. 968 435 022
Visitas enoturismo: No • Venta en línea: Sí

Merayo Mencía 2016

Los viñedos ancestrales de la familia Merayo se desparraman por las laderas montañosas de Valtuille de Arriba, en el corazón del Camino de Santiago. Son viejas viñas de mencía, en vaso, de baja producción, que Pedro Merayo mima y cuyos aromas y sabores nos llegan casi intactos en este vino joven, sin paso por madera.

En la botella, sugerencia rotunda de juventud, desde el color de la provocadora cereza que se torna violácea hasta la fragancia de una nariz arrolladora de fruta fresca e insinuación de caramelo de violetas, tan peculiar de la berciana. La crianza en depósito sobre lías finas –restos de levaduras– enriquece el vino joven y suaviza los taninos, cediéndole untuosidad.

5,50 €

D.O. Bierzo

Bodegas y Viñedos Merayo
100% mencía
Tinto joven, 6 meses sobre lías
Grados: 13,5%

NOTAS DE CATA

VISTA
Picota, borde violáceo.

NARIZ
Buena intensidad, fruta fresca, frutas del bosque, flores azules.

BOCA
Fresco, goloso, sabroso, graso, tanino maduro, buen recorrido.

LOS MOMENTOS DEL VINO

Hay momentos en que se precisa una reunión secreta para deliberar cosas importantes, planes de actuación sigilosos o pequeñas complicidades entre amigos. Buscando aires de clandestinidad, la cita es en la 'Casa Nostra'. No solo se trata de *cucinare il delitto,* que dicen en Sicilia; hay que arremangarse en la cocina y poner el mismo mimo al crimen que a la pasta. Para don Vito, Merayo.

Otros descubrimientos

Pequeños viticultores como los Merayo, de espíritu innovador y guardianes de la tradición, están renovando la viña berciana. Un buen hallazgo es **El Castro de Valtuille Mencía Joven** (5,95 €), elaborado por la familia de Raúl Pérez.

ENOTURISMO

Los Merayo siempre han elaborado vino. A finales de la década de 1980, Pedro Merayo decidió hacer un paréntesis en su labor de bodeguero para centrarse en la viña, pero en el 2010 recuperó sus raíces y reanudó su actividad en la bodega, situada en la finca Miralmonte. Abiertos al enoturismo, ofrecen numerosas actividades para amantes de la cultura del vino.

Bodegas y Viñedos Merayo
Ctra. de La Espina, km 6 • San Andrés de Montejos, Ponferrada, León
www.bodegasmerayo.com • tel. 987 057 925
Visitas enoturismo: Sí • Venta en línea: No

Losada 2015

9,50 €

D.O. Bierzo

Losada Vinos de Finca
100% mencía
Barrica: 12 meses
Grados: 14,5%

NOTAS DE CATA

VISTA
Picota, ribete granate.

NARIZ
Fruta negra madura, notas de violeta, especiados, tostados, apuntes minerales.

BOCA
Fresco, jugoso, cuerpo medio, taninos carnosos, equilibrado, final largo.
Es importante decantar.

Durante generaciones, las cooperativas fueron custodias del vino berciano, primando, eso sí, más cantidad que calidad, pero manteniendo viva la viña vieja. Con el cambio generacional, El Bierzo se llenó de inquietudes y el viñedo viejo de altura sobre pendientes pizarrosas se convirtió en foco de interés, al ver en estas tierras las mejores condiciones de evolución de la mencía.

En Losada, las miradas se fijaron sin embargo en viña vieja de suelos de arcilla. Aquí el hollejo de la uva se torna más fino, la estructura tánica se suaviza y el vino gana poesía. Se mantiene la frescura de la variedad, pero hilvanada con mayor sutilidad, incidiendo en el carácter elegante de la mencía.

LOS MOMENTOS DEL VINO

"Aunque el sol se ponga y se calle el viento, aún hay fuego en tu alma, aún hay vida en tus sueños, porque cada día es un comienzo, porque esta es la hora y el mejor momento, porque no estás sola, porque yo te quiero..." Una copa de Losada, y los versos de Benedetti, para decirle a esa persona amada: "No te rindas". Este es un vino de motivación que llega siempre con el calor de los afectos.

ENOTURISMO

La bodega ha sido diseñada por el arquitecto Jesús Manzanares, autor también de las bodegas Enate, Pago de los Capellanes, o Álvaro Palacios en el Priorat. Ubicada junto al Castro Ventosa, el carácter sinuoso de su muralla sirvió de inspiración para un diseño vanguardista en que el edificio parece emerger del terreno fundiéndose con él.

Otros descubrimientos

Si Losada representa bien la mencía arcillosa, **Finca La Cuesta Luna Beberide** (8,95 €) habla de viñedos de media altura sobre suelos de arcilla y pizarra, un vino mineral con notas de terrosidad e igualmente muy elegante.

Losada Vinos de Finca
Ctra. LE-713 a Villafranca, km 12 • Cacabelos, León
www.losadavinosdefinca.com • tel. 987 54 80 53
Visitas enoturismo: Sí • Venta en línea: Sí

Lavia 2012

Escondida en años de graneles peleones, a la uva monastrell le ha tocado luchar hasta poder mostrar su verdadero carácter. Esta variedad adora el sol y se viste rápido de azúcares que generan vinos de alta graduación. La técnica y el control de la temperatura han venido en su ayuda y hoy disfrutamos de vinos como Lavia, ensamblaje perfecto de frescura y potencia.

Syrah, para aportar músculo a la murciana, y viejas uvas monastrell de más de 40 años, plantadas a 750 m de altitud buscando la frescura del fuerte diferencial térmico entre el día y la noche. Viñedo ecológico, y en la bodega una política de mínima intervención, sin añadir levaduras, sin filtrar... para obtener más con menos.

9,80 €

D.O. Bullas

Bodegas Lavia
Monastrell y syrah
Barrica: 12 meses
Grados: 14%

NOTAS DE CATA

VISTA
Picota oscura, ribete violáceo.

NARIZ
Fruta roja madura, notas balsámicas, ahumados, terrosidad, hierbas silvestres y violetas.

BOCA
Potente, fresco, untuoso, taninos maduros, final largo.

LOS MOMENTOS DEL VINO

Hay vinos que desde la alegría invitan a beber con introspección. Basta de hablar de crisis vitales. Se trata de reunir a los amigos, compartir una copa y leer a Horacio. Sí, en latín, para llenarse la boca de palabras bellas y el alma de fuerza. "Nunc est bibendum, nunc pede libero pulsanda tellus" (Ahora es tiempo de beber, ahora es tiempo de bailar, como locos, sobre la tierra.)

Otros descubrimientos

Bodegas Monastrell elabora solo vino ecológico en el valle de Aceniche, a 850 m de altitud. **Almudí** (6,90 €) es su tinto más joven, monastrell con un leve toque de tempranillo y petit verdot, maduro, goloso y fácil de beber.

ENOTURISMO

Esta es una bodega de pequeñas dimensiones, se podría decir que de dimensión humana, ubicada en un paraje de gran riqueza paisajística y vitícola. Su viñedo está a pie de bodega coincidiendo con la filosofía de la casa de elaborar vinos de calidad con uva propia y enfoque ecológico. Se pueden visitar las instalaciones y rematar la escapada en el Museo del Vino de Bullas y la Casa Don Pepe Marsilla.

Bodegas Lavia
Paraje Venta del Pino • Cehegín, Murcia
www.mgwinesgroup.com • tel. 638 046 694
Visitas enoturismo: Sí • Venta en línea: Sí

Nietro de Alianza de Garapiteros 2015

5,90 €

D.O. Calatayud

Bodegas Sommos Garnacha
100% garnacha
Barrica: 4 meses
Grados: 14,5%

NOTAS DE CATA

VISTA
Cereza picota.

NARIZ
Fruta roja madura, notas de monte bajo, especiados dulces, lácticos, cacao.

BOCA
Fresco, goloso, estructurado, buen equilibrio alcohol-acidez, taninos amables, largo.

En el viejo Aragón, el *garapitero* era el oficial encargado de medir el vino en caso de venta. La plaza salía a subasta y era habitual que varios vecinos en alianza compartieran el puesto. Aquí, incluso el nombre de la bodega expresa un deseo de reclamar la tradición como eje del proyecto, y nada más diferencial de ese pasado que las viejas garnachas de Calatayud, viñedos cansados, aferrados a terrenos inhóspitos.

Nietro se elabora a partir de cepas con una edad media de casi 40 años, cultivadas a 900 m de altitud, buscando la frescura que otorga al vino el diferencial térmico entre el día y la noche, sobre terrenos pizarrosos que obligan a la planta al trabajo duro y le ceden mineralidad.

LOS MOMENTOS DEL VINO

Hay príncipes azules con etiqueta de "Destiñe al primer lavado". Tras un primer examen, otros se delatan como pitufos. Hay gente tan compleja que cuando encuentra su príncipe azul, ¡zas!, justo no es el azul que les gusta... No es tiempo de superhéroes. Nada más real y mágico que compartir cada noche vino y palabras con alguien que le haga a una sentirse princesa. La lectura es reversible.

ENOTURISMO

Murero se ubica en la España humilde, en la comarca del Campo de Daroca, a 90 km de Zaragoza, pero atesora buenos argumentos para la visita: la naturaleza en la laguna de Gallocanta o en el monasterio de Piedra; la historia y el patrimonio en Daroca y Calatayud; y en Murero, uno de los yacimientos de paleontología con mayor número de trilobites.

Otros descubrimientos

De las D.O. aragonesas, Calatayud será seguramente la más sorprendente por sus buenos vinos a buen precio. Una garnacha vieja que justifica abrir un poco más la cartera es **Roque Colas** (12,70 €), un vino ecológico inolvidable.

Bodega Sommos Garnacha
Ctra. Murero-Atea, s/n • Murero, Zaragoza
www.bodegasommosgarnacha.com • tel. 976 808 033
Visitas enoturismo: Sí • Venta en línea: Sí

Vinea Tempranillo Crianza 2011

Imaginar el viñedo tradicional de Cigales es pensar en el lecho seco de un río ancestral: terrenos imposibles de piedra y cascajo sobre capas de arcilla y arena, bajas producciones y laboreo tan difícil que ni en épocas de hambre severa merecía la pena plantar cereal. Aunque el viñedo de Vinea es algo más joven, entre 20 y 50 años, sufre igualmente los suelos pobres y el clima riguroso.

Cigales ha sido tierra de claretes y ahora rosados. Bodegas como Museum comienzan a perfilar con acierto la expresión peculiar del tinto de esta tierra, tempranillo vecino de Ribera y Toro a la búsqueda de personalidad. Este es un vino rico en aromas, con buena carga frutal, elegante, sedoso y expresivo.

6,50 €

D.O. Cigales

Finca Museum
100% tinta del país
Barrica: 12 meses
Grados: 14,5%

NOTAS DE CATA

VISTA
Picota, capa alta.

NARIZ
Buena intensidad, fruta madura, balsámicos, especiados, notas de vainilla y cacao.

BOCA
Estructurado, elegante, expresivo, taninos maduros, sedoso, buena longitud.

LOS MOMENTOS DEL VINO

"¡Guárdate tu trigo!, ¡oh, Libia! ¡Guárdate tus rebaños! ¡Envíame solo tus trufas!", razonable petición del vitriólico Juvenal. Los diamantes de la cocina, negros como el alma de los condenados, se disfrutan mejor desnudos, ungidos de óleos, en comunión con Vinea. Comer y beber con alguien que nos quiere de veras, ese sí que es el lugar más bonito del mundo. Dichos de Julio Cortázar.

Otros descubrimientos

13 Cántaros Nicolás (6,75 €), de Bodegas César Príncipe, es otro pequeño gran tinto cigaleño, cargado de buena fruta, especiado, de taninos amistosos tras ocho meses de roble. Su nombre recuerda una vieja deuda de bodega.

ENOTURISMO

Museum, bodega de Barón de Ley, ha sido en gran parte impulsora del cambio de Cigales. *Vinea,* vino pero también escultura de Víctor Ochoa reproducida en la etiqueta, preside el acceso. En el interior, cientos de barricas comparten espacio con una gran colección de arte. Como remate al viaje habrá que visitar el aula de interpretación del vino de Mucientes.

Finca Museum
Ctra. Cigales-Corcos, km 3 • Cigales, Valladolid
www.bodegasmuseum.com • tel. 983 581 029
Visitas enoturismo: Sí • Venta en línea: No

Cara Nord Negre 2015

9,90 €

D.O. Conca de Barberà

Cara Nord Celler
Syrah, garnacha, monastrell
Barrica: 6 meses
Grados: 14,5%

En la cara fría de la sierra de Prades, sobre un suelo de gran valor geológico, se encuentran los viñedos de Cara Nord, aislados entre bosques, en cotas altas, cercanas a los 800 m.
El clima se torna aquí más fresco que en el Priorat o el Montsant. A la altura se suma el refresco de la marinada, el viento que aleja el ahogo de la viña y favorece su maduración lenta. La falta de agua y materia orgánica incita al trabajo radicular de la viña, aval de mineralidad y concentración, y así cada botella precisa el fruto de dos cepas.

En Cara Nord predomina la elegancia sobre la potencia de los tintos de la zona. El vino resulta jugoso y vibrante por su acidez, con profundidad y carácter.

NOTAS DE CATA

VISTA
Picota oscura, cubierto.

NARIZ
Fruta negra, balsámicos, especias dulces, notas lácticas, tostados, mineralidad.

BOCA
Equilibrado, fresco, jugoso, elegante, taninos finos.
Se debe oxigenar.

LOS MOMENTOS DEL VINO

Miguel Strogoff contó que los tártaros maceraban la carne bajo su silla de montar. Sabiendo que Julio Verne escribió su vuelta al mundo sin salir de casa, quizá la noticia no sea del todo veraz. Preparar un *steak tartare* con fundamento precisa hacer buenas compras, para transformarse de inmediato en la novia de Kil Bill, aquí una cuchillada, allá una sajadura... Y con Cara Nord a la mesa.

ENOTURISMO

El viñedo de Cara Nord se encuentra en el término de Vimbodí. La bodega está dentro del monasterio de Poblet. La oficina y el almacén de expedición se ubican en las cercanías del cenobio, en el pueblo de El Vilosell, compartiendo instalaciones con la bodega de Tomás Cusiné, dentro de la D.O. Costers del Segre. Poblet resulta visita obligada.

Otros descubrimientos

Visitar la Conca de Barberà supone descubrir el vino de trepat, alma del territorio. Un trepat muy querido por esta guía es **Una mica de gatzara** (9,25 €), combinado con tempranillo, que proporciona los veranos más frescos del Mediterráneo.

Grupo Cara Nord Celler
Plaça Sant Sebastià, 13 • El Vilosell, Lleida
www.caranordceller.com • tel. 973 176 029
Visitas enoturismo: Sí • Venta en línea: No

Martí Fabra Selecció Vinyes Velles 2015

Las raíces de la familia Carrera se hunden en el Empordà desde la Edad Media. Allí continúa su viñedo patrimonial, en terrenos pizarrosos al amparo del macizo de L'Albera, sobre suelos pobres en materia orgánica que obligan a la vid a profundizar en busca de alimento. Allí, el viñedo convive con hierbas aromáticas que impregnan la pruina de la fruta; sus aromas regalan al vino tonos balsámicos. Y por allí se pasea sin piedad la tramontana, ese viento salino que transfiere rudeza honesta al vino.

Potencia que se siente caricia, fruta madura dominando la madera y la redondez del viñedo viejo dan lugar a un vino sincero, sin maquillajes, algo agreste pero elegante, alma del Empordà.

9,90 €

D.O. Empordà

Celler Martí Fabra
Garnacha tinta, samsó, tempranillo, cabernet sauvignon, syrah
Barrica: 8 meses
Grados: 15%

NOTAS DE CATA

VISTA
Picota, capa alta.

NARIZ
Complejo, fruta confitada, balsámicos, notas tostadas, caja de puros, fondo mineral.

BOCA
Potente, con volumen, taninos maduros, tacto sedoso, buena longitud.

LOS MOMENTOS DEL VINO

El mar inunda de perfumes salobres los vinos del Empordà, la tramontana los desviste de engaños, la crudeza del clima les hace susurrar calor y fuerza. Vino lleno de sugerencias: "Salpica tu piel de seda oscura, que voy a regalarte el mundo entero, si me asaltas de negro, vida mía, y me invaden tu noche y tu locura", inspiración con Luis Alberto de Cuenca, conspiración con Martí Fabra.

Otros descubrimientos

Otra visión de los tintos del Empordà, elaborado con viñedo de más de 10 años, casi vecino del mar, azotado por la tramontana y acariciado tres meses por el roble francés, es **Mas Oller Pur** (10 €): syrah, garnacha y cabernet.

ENOTURISMO

La historia de la bodega hay que buscarla en el primer tercio del s. XIX. El recorrido permitirá viajar desde los depósitos de cemento construidos por el bisabuelo de la actual generación, y aún utilizados hoy, hasta los modernos depósitos de acero inoxidable o las barricas acurrucadas bajo las bóvedas, donde se atesoran las joyas de la casa.

Celler Martí Fabra
Barrio de Vic, 26 • Sant Climent Sescebes, Girona
tel. 972 563 011
Visitas enoturismo: Sí • Venta en línea: No

Casa Castillo Monastrell 2015

7,50 €

D.O. Jumilla

Propiedad Vitícola
Casa Castillo
100% monastrell
Barrica: 6 meses
Grados: 14,5%

NOTAS DE CATA

VISTA
Picota, borde granate.

NARIZ
Buena intensidad, frutas roja y negra maduras, notas balsámicas, especiado, cremosidad de la crianza.

BOCA
Estructurado, goloso, tanino maduro, final largo, buenos amargos.

Casa Castillo es una gran finca agrícola, imperio de la monastrell, variedad sufrida y heroica donde las haya, capaz de regalar frutos excelentes a pesar de las sobredosis de calor. El viñedo, de más de 25 años, se cultiva en vaso, como siempre se ha hecho en Jumilla, sobre tierras pobres y arenosas del valle, y en régimen de secano; nada de gota a gota, salvo el sudor.

Solo monastrell, acariciada apenas por la madera. Seis meses de barrica que le confieren aromas especiados y sutiles notas de vainilla, bien integradas en el conjunto. Predomina la expresión frutal de la variedad. No hay distorsiones y reina un perfecto equilibrio entre fruta, madera y alcohol. ¡Es un valor seguro!

LOS MOMENTOS DEL VINO

Cuidar, pensar en el otro, atender... La vida y el sempiterno deber de cuidar; la caracola cíclica del afecto que reclama tiempo para los hijos, para los viejos que antes cuidaron de nosotros. Se diría que el mundo se ha paralizado, convertido en una catedral helada. Entonces urge regalarse instantes de calor como si la vida estallara en sinfonías, siempre con una copa de vino, compañera y amiga...

ENOTURISMO

En el altiplano, en las umbrías de la sierra del Molar, sobre laderas empinadas que alcanzan los 760 m de altitud, se encuentra Casa Castillo, más de 400 Ha donde la vid crece junto al almendro, el olivo y el pinar. La bodega original fue construida por franceses en 1870 y luego reformada por la familia propietaria. ¡Aquí hay mucha historia para descubrir!

Otros descubrimientos

Juan Gil Etiqueta Amarilla (6 €) ofrece una monastrell joven con la suave caricia de cuatro meses de roble. En Luzón también se pueden hacer buenas compras, como **Finca Luzón** (5 €): monastrell y syrah, sin paso por madera.

Propiedad Vitícola Casa Castillo
Ctra. Jumilla-Hellín (RM 428), km 8 • Jumilla, Murcia
www.casacastillo.es • tel. 968 78 16 91
Visitas enoturismo: Sí • Venta en línea: No

Alceño Syrah Premium 50 Barricas 2015

Del valle del Ródano llegó la syrah a nuestro país hace tres décadas de la mano del marqués de Griñón. Su idilio con nuestro sol se fraguó con rapidez y enseguida triunfó en zonas muy cálidas como Jumilla, donde potencia sus virtudes haciendo a menudo de telonera de lujo de la monastrell, a la que imprime nervio, aunque en este vino la estrella es la francesa y de comparsa va la monastrell.

Alceño ofrece un buen retrato de la syrah mediterránea: color intenso y profundo, fruta negra madura, aire de violetas, notas balsámicas y carácter especiado. La frescura del vino equilibra el grado y sabe mantener su carácter frutal ante una madera nueva bien integrada que suma expresividad.

9,50 €

D.O. Jumilla

Bodegas Alceño
85% syrah,
15% monastrell
Barrica: crianza corta
Grados: 14,2%

NOTAS DE CATA

VISTA
Picota, capa cubierta.

NARIZ
Complejo, fruta negra madura, flores azules, especias dulces, notas de cremosidad y tostados.

BOCA
Equilibrado, expresivo, sabroso, buena acidez, tanino dulce y goloso.

LOS MOMENTOS DEL VINO

La syrah impone carácter introspectivo a este vino, al que el toque de la monastrell sustrae de caer en un estado de pasiones heroicas. Se diría que Alceño es un vino de madurez cargado de fuerza telúrica. Sí, evocación de mujeres surcadas de arrugas, con patas de gallo, pero mujeres hermosamente reales y serenas disfrutando de la vida. Cada vino tiene su momento y su música, y hasta su poesía.

Otros descubrimientos

Los apasionados de la syrah mediterránea encontrarán en **Pago de los Balagueses Syrah** (16 €) una excitante fuente de placer, de lo mejor para obsesivos de la variedad, aunque exigirá al bolsillo cierta dosis de generosidad.

ENOTURISMO

Alceño es la bodega comercial más antigua de Jumilla. La creó en 1870 Roque Martínez, corredor de vinos, allá por los años en los que la filoxera trajo a España compradores europeos a la búsqueda de nuevos productos. Hoy es la familia Bastida quien está al frente del negocio, enclavado en el núcleo urbano de Jumilla, en la misma ubicación donde nació.

Bodegas Alceño
Calle del Duque, 34 • Jumilla, Murcia
www.alceno.com • tel. 968 780 142
Visitas enoturismo: Sí • Venta en línea: Sí

Clos Lojén 2016

6,90 €

D.O. Manchuela

Bodegas y viñedos Ponce
100% bobal
Barrica: 7 meses
Grados: 12,5%

NOTAS DE CATA

VISTA
Cereza, ribete violáceo.

NARIZ
Buena intensidad, fruta roja muy fresca, notas especiadas. Fondo terroso y mineral.

BOCA
Jugoso, ligero, goloso, fresco, sabroso. Cuerpo medio.

La Manchuela emerge entre Levante y la Meseta, heredera de ambos territorios. Aquí, la bobal prolonga su reinado de Utiel Requena saltando de un escenario de vinos mediterráneos de fruta madura a un Clos Lojén fresco, con nariz de fruta crujiente y boca ligera y expresiva. Y es que a los fríos inviernos de la Manchuela siguen veranos increíblemente suaves, refrescados por brisas húmedas venidas del Mediterráneo.

Viñedo viejo en vaso, biodinámico, trabajado de forma tradicional; solo levadura autóctona aportada por la uva; mínimas intervenciones en bodega, sin filtrado ni clarificado, y el empeño de la familia Ponce por narrar en su vino la relación generacional con esta tierra.

LOS MOMENTOS DEL VINO

Con la inocencia de la Alianza pro bordado de Lagartera, así empiezan las comidas entre amigas. Se abre boca con unos consoladores buñuelos, vienen luego las lentejas con chorizo "a lo muslamen", y se concluye sin pudor con un pastel "todo cartucheras". Al final la reunión se convierte en el Club de Damas de la Escopeta. ¡Y qué importa!, criticar une muchísimo. Y en la mesa, Clos Lojén.

ENOTURISMO

La Jara, conocida por sus cultivos de champiñón, fue durante la Guerra Civil base principal del ejército republicano. Por allí anduvieron brigadistas como George Orwell, Willy Brandt o el mariscal Tito. En sus afueras conserva búnkeres del que fuera un aeródromo, y en el pueblo, Villa Enriqueta, hoy residencia particular pero otrora hospital militar.

Otros descubrimientos

Para disfrutar de un recorrido amplio de la variedad, convendrá saltar de la bobal ligera y jugosa de Manchuela hasta Utiel Requena. **Ladrón de Lunas Crianza** (8,50 €) ofrece una versión de la bobal mucho más cálida y estructurada.

Bodegas y viñedos Ponce
Ctra. N-310 • Villanueva de la Jara, Cuenca
tel. 677 434 523
Visitas enoturismo: No • Venta en línea: No

Rayuelo 2013

Buscando el viñedo soñado, Rosalía y Manuel Garrote llegaron a tierras altas de Cuenca, a más de 1000 m de altitud, donde la viña sufre las inclemencias del tiempo pero crece sana y feliz. La altura y el diferencial térmico permiten una maduración lenta y prolongada que favorece la complejidad del vino y la amplitud de sus aromas.

El alma de Rayuelo nace del corazón de viejas bobales de entre 60 y 100 años, ¡unas niñas! Es un vino equilibrado, fresco por su perfume de notas balsámicas y por la acidez que suma la altura, y a la vez, borracho de fruta madura. Un tanino presente pero dulce y su marcada frescura le dan longevidad y hacen que los ocho meses de roble apenas marchiten su fruta.

9 €

D.O. Manchuela

Alto Landón
100% bobal
Crianza: 8 meses
Grados: 14%

NOTAS DE CATA

VISTA
Cereza, borde granate.

NARIZ
Fragante, fruta roja madura, aromas de monte, notas balsámicas, terrosidad.

BOCA
Sabroso, equilibrado, buena acidez, taninos maduros, buen final.

LOS MOMENTOS DEL VINO

Cuanta más impostura hay en el mundo, más se necesita lo real, lo verdadero. Es entonces cuando se vuelve a mirar la naturaleza y las cosas sencillas, cuando se recuerdan sonrisas y caricias de manos ciertas; son miradas de nostalgia, con reclamación de futuro. Pausa para la planificación de acciones, hecha a la sombra de una copa de Rayuelo, vino desnudo, sin ropajes fútiles, sin mentiras.

Otros descubrimientos

En Manchuela, en la casa de Rayuelo, hay que descubrir un curioso tinto elaborado con syrah y malbec. Esta insospechada combinación bautiza al vino: **Irrepetible** (6 €), un tinto con potencia, boca amistosa y buen volumen.

ENOTURISMO

En Alto Landón se practica una filosofía simple: el vino nace en la viña; son 120 Ha, en medio de las cuales se levanta la bodega. Es una producción biológica al ritmo del terruño, con cosechas de bajo rendimiento para ganar concentración de aromas y sabores, y solo levaduras naturales, las que llegan con la propia uva.... De vuelta a la bodega, final feliz con cata.

Alto Landón
Ctra. N-330, km 242 • Landete, Cuenca
www.altolandon.com • tel. 962 302 329
Visitas enoturismo: Sí • Venta en línea: Sí

Castillo de Belarfonso 2016

9,50 €

D.O. Méntrida

Bodegas Canopy
100% garnacha
Barrica: 6 meses
Grados: 14,5%

Desde la Rioja a Burdeos, el brazo de la nobleza ha dejado impronta de sus posesiones en cientos de etiquetas de vino. Castillo de Belarfonso es el guiño irreverente de Belarmino Fernández y Alfonso Chacón a esa tradición de castillos y *châteaux* tan recurrente en bodegas clásicas. Castillo, sí, pero hinchable, lúdico... instando desde la provocación al disfrute sin complejos.

Aquí hay viejas garnachas de Gredos, nacidas en altura y sobre suelos de sílice y granito desmenuzado. La arena pierde con rapidez el calor del verano y permite a la tardona garnacha una maduración pausada, sin arrebatos de azúcar, dibujando Belarfonso, un tinto ligero, fresco, frutal, con un toque de mineralidad.

NOTAS DE CATA

VISTA
Picota, capa media.

NARIZ
Expresión frutal, arándanos, cerezas, notas florales, balsámicos, notas de cacao, mineralidad.

BOCA
Fresco, amable, frutoso, equilibrado, fácil de beber, buena longitud.

LOS MOMENTOS DEL VINO

Este vino fácil de beber, desalterante, favorece la transición rápida de situaciones de estrés —modo *on* de trabajo— a estados de sosiego —modo *off* de descanso—. Es llegar a casa y caerse agotado en el sofá. Cinco minutos para experimentar una súbita resurrección, 10 segundos para servirse Belarfonso y un instante para darse cuenta de que las cosas importantes de la vida no son cosas.

ENOTURISMO

Siempre se ha elaborado vino en el norte de Toledo. Grandes tinajas de barro guardaban el vino que quitaba la sed a la corte. El enoturismo comienza a despuntar en la zona, pero, aún hoy, el viajero debe centrarse en los atractivos turísticos y culturales, hilvanando su ruta por colinas y llanuras y rebuscando las pocas bodegas que abren sus puertas.

Bodegas Canopy (Central)
Avda. de Barber, 71 • Toledo
www.bodegascanopy.com • tel. 696 467 691
Visitas enoturismo: No • Venta en línea: No

Otros descubrimientos

Bajondillo (6,80 €), con D.O. Méntrida, es un vino de pueblo que relata desde su sabiduría humilde la tipicidad de las garnachas de montaña de Gredos, frutales y muy frescas, en esta ocasión acompañadas de un toque de syrah.

L'Efecte Volador Vinyes Singulars 2016

Hay una vinculación telúrica entre el hombre y el vino, un lazo ancestral y remoto que nos une a la tierra a través del viñedo. Josep Grau lo sabe. Se presenta como un viticultor que elabora vinos como vía de expresión y crecimiento personal. En L'Efecte Volador habla el viñador y sus palabras traducen, con gestos de renovación, otra visión del territorio.

Expresión desenfadada del Montsant, repleta de franqueza; el vino susurra primero relatos de juventud, de fruta roja y hasta un revuelo de violetas. Vendrá luego una fruta más oscura y el perfume de las hierbas silvestres. Escuchando al vino surge al alma del *terroir*, expresión mineral del suelo, pintura matinal de hojas secas.

8,80 €

D.O. Montsant

Josep Grau Viticultor
80% garnacha,
20% samsó
Depósitos de cemento:
6 meses
Grados: 13,5%

NOTAS DE CATA

VISTA
Rubí brillante.

NARIZ
Intensidad, franqueza, notas frutales, notas florales, balsámicos, especiados, mineralidad.

BOCA
Jugoso, sedoso, fresco y mediterráneo, goloso, fácil de beber, persistente.

LOS MOMENTOS DEL VINO

El vino conjuga el alma femenina de la garnacha con la virilidad de la samsó. Fermenta y madura en cemento hasta afinar su aire de brisa temprana. Una línea sutil separa lo antagónico de lo complementario. Igual pasa con las personas. Solo la mano del artesano concilia la dualidad en el vino. Es tiempo de aproximación a ese ser querido, y la magia del vino compartido obrará un efecto volador.

Otros descubrimientos

Para quien desee adentrarse en territorio Montsant, **La Comèdia** (8,75 €) resultará un punto de entrada divertido. Otro descubrimiento es **María Ganxa de Pascona** (8,60 €), monovarietal de samsó (cariñena), absolutamente singular.

ENOTURISMO

Bodega familiar, Josep Grau es su enólogo y propietario, apasionado del territorio y sus vinos. Su bodega, de nueva construcción, abraza el horizonte con determinación, abriendo ojos de emoción a quien cata vino y bebe paisaje desde su gran cristalera abierta al viñedo. Es divertido poder catar sus vinos jugando con la técnica del *Visual Thinking*.

Josep Grau Viticultor
Polígono 7, parcela 27 • Marçà, Tarragona
www.josepgrauviticultor.com • tel. 977 054 071
Visitas enoturismo: Sí • Venta en línea: No

Orto 2015

9 €

D.O. Montsant

Orto Vins
Cariñena, garnacha, cabernet sauvignon, tempranillo
Barrica: 3 meses
Grados: 14%

NOTAS DE CATA

VISTA
Picota, borde granate.

NARIZ
Fresco, intensidad frutal, frutas rojas, notas florales, balsámico, mineral, elegante.

BOCA
Buena acidez, frutoso, envolvente, sabroso, final largo.

Orto es uno de los proyectos más recientes e interesantes del Montsant, nacido de la ilusión de cuatro payeses de tradición familiar cooperativista, decididos a revocar el destino de sus viñedos ancestrales. Son jóvenes pero conocedores del oficio y de su tierra; entre ellos, Joan Assens, enólogo, responsable en primer grado del éxito de vinos como L'Ermita de Álvaro Palacios. ¡Casi nada!

Si Singularidades, su gama alta, se elabora con lo mejor de cada casa, Orto es fuerza común, aporte de virtudes del viñedo de los cuatro socios. Es un vino joven, visión del nuevo Montsant. Tiene espíritu pero no abruma con su potencia, es jugoso, tiene fuerza natural, es fresco, sutil... Marca futuro.

LOS MOMENTOS DEL VINO

Las crisis dan hambre, es *vox populi*. Imposible venirse arriba con atracones de berros o montañas de tofu. Hay fórmulas mejores. Se comienza por congregar al círculo íntimo de amigas y ser generosas con el Orto. Imprescindible un pastel de chocolate, tan oscuro como las raíces teñidas de la pécora rubia que... Tras el festín, nada de pensar en liposucciones. Que se automutile él o la rubia.

ENOTURISMO

El Masroig es tierra de aceite y vino, por eso resulta inevitable visitar su cooperativa, excusa para el avituallamiento *gourmet*. Con niños resulta muy cómodo recorrer los senderos que albergan chozos de viña y construcciones de piedra seca. Habrá que pasar a saludar a la Virgen, en la ermita de las Pinyeres, vinatera ella, como Dios manda.

Otros descubrimientos

Mineral del Montsant (9,95 €) es un tinto sin estridencias, elaborado con samsó y una pequeña aportación de garnacha. Ofrece fruta elegante con alguna concesión golosa y una verticalidad en boca, evocación de mineralidad.

Orto Vins
Passeig de L'Arbre, s/n • El Masroig, Tarragona
www.ortovins.com • tel. 629 171 246
Visitas enoturismo: No • Venta en línea: No

Viña Zorzal Graciano 2015

Advertencia inicial: este vino es como los bulldogs, o te apasionan o los miras de reojo. Tradicionalmente, el graciano ha integrado el ensamblaje de los tintos riojanos; se decía que daba 'gracia' al tempranillo, sumando color y acidez. Por fin comienza a despuntar como estrella en solitario.

Este pajarito es un vino auténtico, sin maquillaje, expresión franca de una variedad tradicional navarra. Ofrece el perfil de los mejores gracianos: acidez vibrante, muy bien ensamblada para aportar una frescura sabrosa; un deje herbáceo y amargoso bien casado con la fruta, que aporta personalidad al tinto; y unos meses de roble que domestican la rebeldía del graciano sin dejarse notar.

7,50 €

D.O. Navarra

Viña Zorzal Wines
100% graciano
Barrica: 9 meses
Grados: 13,5%

NOTAS DE CATA

VISTA
Granate, capa media.

NARIZ
Intensidad, frutos rojos maduros, especiados, herbáceos, notas de vainilla, terroso.

BOCA
Acidez bien integrada, fresco, equilibrado, notas varietales herbáceas y amargas, longitud.

LOS MOMENTOS DEL VINO

Vino-verdad, expresión franca y noble del viñedo de Corella; vino plural, siempre abierto a compartir... Viña Zorzal responde rápido al grito de "Evohé", el que lanzaban las lúbricas Bacantes invocando a Dionisos, el Baco romano, y al de los sátiros deseosos de acompañar momentos de regocijo. Con los vinos ciertos, no importa el momento: se puede celebrar, vivir, amar, sentir, e incluso llorar.

Otros descubrimientos

Navasentero Guerinda 3+1 (10 €) es el monovarietal graciano de las bodegas Máximo Abete de Navarra. Es un vino de fuerte personalidad, como los buenos gracianos, de acidez refrescante y tanino bien domesticado y elegante.

ENOTURISMO

Beber un vino invita siempre a conocer el relato de la bodega aunque resulte difícil la visita. Viña Zorzal fue el sueño de Antonio Sanz. Ahora son sus tres hijos los continuadores de un proyecto que habla de pasión por la viña, de orgullo por rescatar variedades tradicionales navarras, de vinos que hablan con palabras honestas. Es puro enoturismo de botella.

Viña Zorzal Wines
Ctra. del Villar, s/n • Corella, Navarra
www.vinazorzalwines.com • tel. 948 780 617
Visitas enoturismo: Sí • Venta en línea: No

Emilio Valerio 2014

9,30 €

D.O. Navarra

Laderas de Montejurra
50% garnacha,
15% tempranillo, 15% cabernet sauvignon,
15% merlot, 5% graciano
12 meses en fudres y tinos
Grados: 14%

NOTAS DE CATA

VISTA
Picota brillante.

NARIZ
Complejo, frutos del bosque, toques especiados, monte bajo, mineralidad.

BOCA
Equilibrado, fresco, carnoso, elegante, taninos redondos.

Laderas de Montejurra es un proyecto familiar enraizado con la tradición de Dicastillo, en Tierra Estella. Santuario de biodiversidad y guardián de una agricultura fósil, aquí se mantienen divisiones de fincas y formas de trabajo milenarias, recuerdo de monasterios medievales y órdenes militares.

Biodiversidad embotellada: viña en cultivo ecológico, en parte trabajada con caballo; labor primorosa con cada variedad, con cada suelo y parcela; solo depósitos de hormigón y madera vieja para acariciar la fruta sin maquillarla; una parte de garnacha elaborada con maceración carbónica ansiando perfumes; y cada calendario, una composición distinta buscando la mejor expresión de la añada.

LOS MOMENTOS DEL VINO

Los espartanos estaban obligados a compartir en ciertas fechas comidas públicas. El bodrio negro marcaba los ágapes colectivos, un caldo oscuro cocinado con cerdo, sangre, vinagre y vino, un verdadero asco, que explica el ímpetu guerrero de Esparta; valentía por repulsión lo llamaron Luján y Perucho. Es hora de jubilar la freidora, llega el tiempo de cocina y vinos con alma, y el navarro que no falte a la mesa.

ENOTURISMO

Un trujal de aceite nuevo y alma de viejas muelas del molino de Dicastillo, una bodega entre viñedos, 25 Ha de viña y 15 Ha de olivo, distribuidas en 15 fincas en las laderas del histórico Montejurra, guardan la biodiversidad de la casa. Y con ellos, las personas, gentes de Dicastillo enamoradas de su tierra, comandadas por Olivier Rivière, su enólogo.

Otros descubrimientos

Jardín de Lúculo (8,95 €) es garnacha navarra de viña vieja en vaso, nacida en la comarca de la Baja Montaña, al pie de los Pirineos. Vinificada en cemento y con un corto paso por madera, se presenta jugosa, especiada y rotundamente fresca.

Laderas de Montejurra
Paraje de Argonga • Dicastillo, Navarra
www.laderasdemontejurra.com
Visitas enoturismo: Sí • Venta en línea: No

L'inconscient 2016

Marc y Adrià comenzaron a divertirse juntos cuando aún siendo niños compartían fiestas en el pueblo familiar de Quatretondeta en Alicante. Vivieron el vino intensamente trabajando en el viñedo familiar de Mas Martinet y en los inicios del proyecto Cims de Porrera en el Priorat. Hicieron el *wine tour* iniciático, trabajando y conociendo lo mejor de otras zonas vinícolas del mundo y en el 2007 emprendieron juntos su proyecto personal.

L'inconscient es un priorat serio, creado desde el lado divertido de la vida. Ofrece complejidad pero resulta fácil de beber, da entrada a los vinos profundos de este territorio. Se toma desde la alegría, como cuando éramos niños y solo pensábamos en disfrutar.

9,75 €

D.O. Ca. Priorat

Les cousins Marc & Adrià
Cariñena, garnacha, cabernet sauvignon, merlot, syrah
Barrica: 12 meses en tinas de madera
Grados: 14%

NOTAS DE CATA

VISTA
Picota, reflejos violáceos.

NARIZ
Fruta roja madura, goloso, tonos balsámicos, notas de vainilla, mineralidad.

BOCA
Jugoso, cremoso, refrescante, tanino amistoso, terrosidad. Se debe oxigenar.

LOS MOMENTOS DEL VINO

Hay circunstancias en que atreverse es la forma máxima de prudencia. Da igual que la osadía se llame comprarse un barco para celebrar los 40 o tomarse un año sabático. Siempre hay que tener un vino preparado como inicio de la acción, o premio por la toma de decisiones, o ánimo que infunda fuerzas. La rotundidad de L'inconscient sumará certeza a esa chispa de locura siempre necesaria.

Otros descubrimientos

El **GR-174** es un sendero de los llamados de gran recorrido que atraviesa el Priorat. Es también un vino (9,75 €) elaborado en la Casa Gran del Siurana, vieja bodega de cartujos de Escaladei, potente y fresco, aromático y balsámico.

ENOTURISMO

La comarca del Priorat comprende dos territorios de vino. El corazón de la región lo conforma la D.O. Ca. Priorat y alrededor de ella se extiende la D.O. Montsant, ambas con capital en Falset. Hay numerosos caminos del vino por descubrir, pero también aceite, rutas a pie, en bicicleta, fiestas, aventura... y una agenda llena de actividades todo el año.

Les cousins Marc & Adrià
Ctra. de Torroja, s/n • Porrera, Tarragona
www.lescousins.es • tel. 639 709 133
Visitas enoturismo: No • Venta en línea: No

Petit Pissarres 2015

10 €

D.O. Ca. Priorat

Costers del Priorat
60% garnacha,
40% cariñena
Barrica: 6 meses
Grados: 14,5%

NOTAS DE CATA

VISTA
Picota, tonos púrpura.

NARIZ
Expresivo, vivaz, fruta roja madura, balsámicos, especiados, recuerdos de crianza, mineralidad.

BOCA
Vibrante, franco, buena acidez, frescura, longitud.

Elios fue un vino muy querido por esta guía. A su combinación de variedades tradicionales del Priorat le sumaba el guiño de la cabernet sauvignon. Consecuente con el espíritu de la comarca, la bodega decidió arrancar la variedad francesa y pintar en el pequeño de sus vinos solo colores del Priorat. Así nació Petit Pissares, evolución del viejo Elios, garnacha y cariñena, clasicismo prioratino, y un nombre que evoca comunión de licorella y pizarra desmenuzada que transmite mineralidad al vino.

Petit Pissarres guarda los valores del territorio: frescura, fruta y mineralidad. Su leve paso por madera le dota de volumen y profundidad, como si oficiara de introductor al Priorat.

LOS MOMENTOS DEL VINO

En las comidas de empresa, el vino forma parte del rito obligado de seducir al cliente al impregnar de valores emocionales las relaciones de trabajo. Aunque la crisis y las llamadas a la austeridad apelan a la prudencia de precio, es preciso llevar a la mesa un vino de calidad, dotado de relato, que no avasalle al interlocutor con su oscuridad y que brinde una seriedad amable y versátil.

ENOTURISMO

Hay que pasear el Priorat y sentir la fuerza telúrica de sus *costers*. El nombre de la bodega rinde homenaje al paisaje prioratino de laderas empinadas, cubiertas de pizarra quebradiza, sostenidas por muros de piedra seca. Son los *costers* o terrazas robadas a la montaña, cuestas donde el olivo y la viña se atan a la tierra, para acercarnos al cielo.

Otros descubrimientos

En el Priorat, quien apueste por la exclusividad de la garnacha y cariñena deberá hacer un pequeño esfuerzo de presupuesto, bien recompensado. **Gotes del Priorat** (12 €), con nueves meses de roble, es frescura y sotobosque mediterráneo.

Costers del Priorat
Finca Sant Martí • Bellmunt del Priorat, Tarragona
www.costersdelpriorat.com • tel. 618 203 473
Visitas enoturismo: No • Venta en línea: No

Pinna Fidelis Roble 2016

Corría el año 983 cuando Abu Amir Muhammad ibn Abi Amir al-Mansur, Almanzor para sus enemigos, tomaba el castillo de Peña Falcón. Allí gobernó cerca de 30 años hasta que Sancho García lo recuperó para las gentes cristianas, a la par que pronunciaba la célebre frase: "Desde hoy en adelante, esta será la peña más fiel de Castilla". Así nació Pinna Fidelis, que los castellanos viejos convirtieron en Peñafiel.

Leal tributo a su origen, este vino resulta un tinto amable y fácil de beber, un buen ribera para quien busque el carácter frutal de los vinos jóvenes sin renunciar a las notas tostadas que le aportan sus seis meses de barrica. En boca se muestra suave, con taninos redondos y amistosos.

5,95 €

D.O. Ribera del Duero

Pinna Fidelis
100% tinta del país
Barrica: 6 meses
Grados: 14%

NOTAS DE CATA

VISTA
Picota, tonos violáceos.

NARIZ
Buena intensidad, fruta roja, balsámicos y especiados, fondo ligeramente tostado.

BOCA
Fresco, frutoso, bien estructurado, taninos rotundos que el tiempo redondeará.

LOS MOMENTOS DEL VINO

Los libros de gastronomía, las memorias de chefs renombrados, la literatura encerrada en cazuelas..., todos se afanan por compartir recetas con recuento pormenorizado de ingredientes. Pocos cocineros se acuerdan de que la cocina exige ingredientes físicos y metafísicos. Cada plato precisa un estado de ánimo y cada ánimo, un vino. Pinna Fidelis implica sorpresa y entusiasmo en la mesa diaria.

Otros descubrimientos

Vizcarra Senda del Oro (7,25 €) resulta un acierto seguro cuando se trata de buscar un tinto joven que nunca decepciona. Madurado siete meses en madera, ofrece un buen equilibrio entre la fruta madura y la cremosidad del roble.

ENOTURISMO

Bodega de nueva creación, su historia arranca en el 2001. Peñafiel ofrece una situación estratégica para conocer los secretos de la Ribera vallisoletana. Es imposible obviar la cita con su castillo, convertido en el Museo Provincial del Vino, o la plaza del Coso, espacio medieval creado para albergar festejos taurinos que aún mantiene viva su función.

Bodegas Pinna Fidelis
Camino Llanillos, s/n • Peñafiel, Valladolid
www.pinnafidelis.com • tel. 983 878 034
Visitas enoturismo: Sí • Venta en línea: Sí

LC Roble 2016

7,75 €

D.O. Ribera del Duero

Bodegas López Cristóbal
95% tempranillo,
5% merlot
Barrica: 3 meses
Grados: 13,50%

NOTAS DE CATA

VISTA
Picota, reflejos violáceos.

NARIZ
Intensidad aromática, frutos rojos, frutos del bosque, especiado, notas cremosas.

BOCA
Sabroso, fresco, taninos redondos.

Primero fue viticultor y después bodeguero; así se escribe la historia de amor con el vino de Santiago López, el fundador de la bodega familiar López Cristóbal. El viñedo determina desde su origen el alma del vino y LC es hijo de La Linde, finca vecina a la bodega, de suelos calcáreo-limosos que confieren al vino finura y complejidad. Se trata de un viñedo de 25 años, edad óptima para empezar a disfrutar de la madurez de la viña.

Destaca en LC ese pequeño toque de merlot, que potencia la fruta y le confiere un carácter elegante. La moda pasa de moda, el estilo nunca... La levedad del roce de la madera, apenas tres meses de roble, suma estructura y un punto de complejidad al vino.

LOS MOMENTOS DEL VINO

En viejas tierras burgalesas es imposible no reivindicar el carácter *gourmet* de la humilde y circunspecta morcilla, tan modosa ella, con el lacito que recoge las puntas de su enagua enlutada y esa piel tersa de vieja dama de oscuro pasado. ¡Excelente condumio en mesas de vampiros sibaritas! Para redondear la jugada, nada mejor que una morcilla de autor y la compañía de LC Roble.

ENOTURISMO

Hacia 1930, el abuelo de Santiago se instaló en Roa, recién llegado de Santander y con el objetivo de montar una granja. Sobre las viejas instalaciones se ubica la peculiar bodega, que mantiene el carácter de construcciones agrícolas diseminadas en torno a un patio central. La estampa trae evocaciones de viejos pueblos de viticultores.

Otros descubrimientos

Trus Roble (8,95 €) resume en las cuatro letras de su nombre la filosofía de la bodega: Tierra, el valle de Pesquera, en Valladolid; Roble, vino fermentado en grandes tinos de madera y criado seis meses en barrica; Uva, tinto fino; y Sol, que nutre y facilita la vida.

Bodegas López Cristóbal
Barrio de la Estación, s/n • Roa de Duero, Burgos
www.lopezcristobal.com • tel. 947 561 139
Visitas enoturismo: Sí • Venta en línea: Sí

Viña Gormaz Crianza 2014

Gormaz es una de esas bodegas discretas, de espíritu castellano, de las que se diría que callando han aprendido a escuchar. No son unos recién llegados; en la década de 1980, junto con otras bodegas ribereñas, fundaron la denominación de origen. En días de abandono del viñedo y olvido de la tradición, esta bodega mantuvo vivo el espíritu del vino en la comarca. Gracias a su empeño, este crianza regala el fruto de viejos viñedos en vaso, resultado de siete décadas bregando con suelos pobres y climas severos.

Es difícil encontrar un crianza con este precio y esta calidad. Un ribera amplio, de taninos amables, con buen equilibrio entre la fruta madura y una madera que se deja notar sin oscurecer el vino.

8 €

D.O. Ribera del Duero

Viñedos y Bodegas Gormaz
100% tempranillo
Barrica: 14 meses
Grados: 14%

NOTAS DE CATA

VISTA
Rubí, borde granate

NARIZ
Buena complejidad, fruta roja madura, notas dulces y especiadas torrefactos, coco.

BOCA
Amplio, potente pero amable, taninos maduros, final largo

LOS MOMENTOS DEL VINO

Los vinos de la Ribera soriana, con su carácter maduro e introspectivo y una determinación cargada de amabilidad, resultan grandes compañeros en procesos de reflexión solitaria. No caben dudas ni arrebatos de indulgencia: nunca se debe dar prioridad a quien solo le trata a uno como opción. Si el otro ha puesto tres puntos suspensivos a la historia, es el momento de borrar dos. Punto final.

Otros descubrimientos

Torre de Golbán crianza (10 €), un Ribera del Duero soriano, representa bien el carácter tinto del territorio. Hermano pequeño de los gloriosos vinos de Atauta, resulta un vino potente, maduro, especiado y con un toque terroso.

ENOTURISMO

Hay que visitar la bodega y degustar su vino. Gormaz tiene alma de una Castilla muy vieja. Son tierras atravesadas por la lana trashumante que aún ofrece restos de aquellos tiempos (www.rutasdelalana.eu). Gormaz fue también camino cidiano (www.caminodelcid.org); allí durmió el Cid, en su fortaleza califal, la misma que dibuja la etiqueta del vino.

Viñedos y Bodegas Gormaz
Ctra. de Soria, s/n • San Esteban de Gormaz, Soria
www.hispanobodegas.com • tel. 975 350 404
Visitas enoturismo: Sí • Venta en línea: Sí

Abadía de San Quirce Roble 2015

8,15 €

D.O. Ribera del Duero

Bodegas Imperiales
100% tinta fina
Barrica: 6 meses
Grados: 14%

NOTAS DE CATA

VISTA
Picota brillante.

NARIZ
Fruta negra madura, especiados, balsámicos, notas cremosas.

BOCA
Potente y fresco, equilibrado, elegante, con longitud.

Bodegas Imperiales; el nombre susurra ecos de nobleza riojana, tan rica en condes y marqueses enológicos, pero la navegación se aborda por el Duero. San Quirce, ¿catalán? Nada de eso, que el santo no es otro que Ciriaco en el castellano viejo de Burgos, mártir y patrono de Málaga, bajo cuya advocación se encuentra una abadía cercana, fundada por el mismísimo Fernán González. ¡Historias que inspiran vinos!

Esencia de Ribera para un vino que defiende bien el carácter de fuerza y elegancia de los tintos de la zona. La fruta madura se acompaña de perfumes de crianza que ofrecen notas tostadas en nariz y una boca de tanino intenso pero amable. Tinto joven aunque sobradamente preparado.

LOS MOMENTOS DEL VINO

Recuperar la cocina católica de los cocidos exige tiempo y precisa amor. Los pucheros reclaman entrega del cocinero y a cambio devuelven pasión agradecida de los invitados. Para regocijo de la mesa, toca recomponer la tradición barroca de la olla podrida, el puchero de los *poderidos*, los adinerados, disfraz divertido para el cocido de siempre, bendecido con la protección de san Quirce.

ENOTURISMO

En 1998 se fundó la empresa y se inició la construcción de la bodega en Gumiel de Izán, vieja villa real de tradición vinícola, cargada de historia y arte. En Gumiel son muchos los lugares que visitar, desde la Iglesia de Santa María en su Plaza Mayor hasta restos del castillo y murallas, y las numerosas ermitas que jalonan los viejos caminos.

Otros descubrimientos

En la Ribera burgalesa valdrá la pena encaminarse hacia Pedrosa del Duero, a Bodegas Rodero. Su **Carmelo Rodero 9 meses** (9,80 €) se presenta elegante, frutal, con notas florales, toques tostados y una boca sedosa y amplia.

Bodegas Imperiales
Ctra. Madrid-Irún, km 171 • Gumiel de Izán, Burgos
www.bodegasimperiales.com • tel. 947 544 070
Visitas enoturismo: No • Venta en línea: Sí

Los Cantos de Torremilanos 2014

Los Cantos supone un paso más en la tradición clásica de los tintos ribereños. A pesar del grado, la potencia no se impone y prima su carácter ligero y elegante. En nariz se huele el Duero y la fruta negra, enriquecida de insinuaciones femeninas de flores y especias, y un punto de mineralidad, herencia de la tierra de cantos rodados que le da nombre, regalo de siglos de aluvión del río. ¿Y en la boca? Besos de seda en la boca. "Bébeme a besos, cómeme a versos..."; es la poesía del vino.

Aquí hay agricultura ecológica y mínima intervención en bodega, que se trasluce incluso en su clarificación con claras de huevo, ¡festín de merengue!, y 12 meses de roble que enfatizan la fruta sin maquillarla.

8,70 €

D.O. Ribera del Duero

Finca Torremilanos
95% tempranillo, 5% merlot
Barrica: 13 meses
Grados: 14,5%

NOTAS DE CATA

VISTA
Cereza profunda.

NARIZ
Intensidad aromática, fruta negra, aromas florales, especiado, regaliz, cacao.

BOCA
Amplio, equilibrado, tanino redondo, buena longitud.

LOS MOMENTOS DEL VINO

Decía Oscar Wilde que los placeres más simples resultan a menudo refugio idóneo de espíritus complejos. Los Cantos, con su toque de mineralidad salina incita a salivar, abre el apetito y combina a la perfección con la mesa de los placeres humildes. Una copa de aperitivo, unas almendras, buenas olivas, las croquetas de cocineros aplicados... Solo eso, el sencillo coraje de quererse.

Otros descubrimientos

Hallazgo para amantes de los riberas elegantes, **Cair Cuvée** (8,80 €) aventura en tierras burgalesas de la bodega riojana Luis Cañas una expresión de la tempranillo con la compañía amable del merlot y nueve meses de madera.

ENOTURISMO

Torremilanos se erige como un *château* francés donde la bodega preside el viñedo. Cuenta con un excelente hotel, restaurante y unas magníficas instalaciones para perderse en la Ribera. Entre las actividades, ofrece espectáculos de cetrería para conocer el trabajo que las rapaces desarrollan en el control de la uva frente a los golosos pajarillos.

Finca Torremilanos
Ctra. N-122, km 274 • Aranda de Duero, Burgos
www.torremilanos.com • tel. 947 512 852
Visitas enoturismo: Sí • Venta en línea: Sí

Semele Crianza 2014

8,70 €

D.O. Ribera del Duero

Bodegas Montebaco
90% tinto fino,
10% merlot
Barrica: 12 meses
Grados: 14%

NOTAS DE CATA

VISTA
Picota brillante.

NARIZ
Riqueza aromática, fruta negra madura, monte bajo, tostados, especiados, regaliz.

BOCA
Fresco, amable, taninos pulidos, paso ágil, persistencia y longitud.

En el corazón de la Milla de Oro, entre Vega Sicilia y Tinto Pesquera, aguarda Monte Alto, finca de suelos arcillosos y calcáreos, difíciles de laborear pero capaces de transmitir al vino complejidad y una finura aromática que conforma el ADN de esta casa. El nombre de la finca no es gratuito. A 900 m de altitud, goza —¿es adecuado el término?— de un clima extremadamente continental. Así se favorecen las maduraciones lentas, que, como los cocidos al amor de la lumbre, presagian finales felices.

Semele no es un ribera clásico, su etiqueta lo presagia. Privilegia frescor y fruta, con una madera bien integrada y un tono muy amable. Se bebe desde la cercanía, como se habla con un amigo.

LOS MOMENTOS DEL VINO

Mientras el vino se oxigena, el buen anfitrión podrá lucir su máster Wikipedia de experto en culebrones mitológicos: "Resulta que Zeus se la pegaba a Hera, la oficial, con Sémele. Y ya se sabe, embarazo al canto. En un arrebato, Zeus mostró su poder a Sémele y la soasó con sus rayos; menos mal que Hermes salvó al neonato Dioniso". Es citar al dios del vino y volar a la copa de Semele.

ENOTURISMO

La Ruta del Vino Ribera del Duero (www.rutadelvino riberadelduero.es) ofrece magníficas herramientas para preparar escapadas de enoturismo: establecimientos, recursos turísticos, festivales, patrimonio, etc. Es imprescindible visitar el Museo del Vino, ubicado en el castillo de Peñafiel, mirador excepcional de la Ribera vallisoletana.

Otros descubrimientos

No resulta sencillo encontrar buenos crianzas de la Ribera por menos de 10 €. Otra buena compra será **Cepa Gavilán** (9,90 €), ribera clásico, la versión más juvenil de una familia de gran nobleza, la Bodega Pérez Pascuas.

Bodegas Montebaco
Finca Monte Alto • Valbuena de Duero, Valladolid
www.bodegasmontebaco.com • tel. 983 485 128
Visitas enoturismo: No • Venta en línea: No

Rudeles 23 2014

Valdebonita, La Vaca, El Largo... son algunas de las 23 parcelas, escondidas tras una pequeña cadena montañosa, que aportan su fruto para la elaboración de este vino marcadamente soriano. Su ubicación, cerrando la Ribera por oriente, protege la viña del Duero, pero deja los majuelos entregados al gélido viento que sube de Somosierra. El sufrimiento del viñedo a casi 1000 m resta producción, pero otorga al vino elegancia, amplitud aromática y frescor.

Rudeles es uno de los pocos riberas que suman a la tinta tradicional aroma de garnacha centenaria. Y es que en San Esteban la viña siempre ha acogido en sindicato común, tinta, garnacha y algún grano de albillo para mezclas y blancos.

9,15 €

D.O. Ribera del Duero

Tierras El Guijarral
95% tempranillo,
5% garnacha
Barrica: 5 meses
Grados: 14%

NOTAS DE CATA

VISTA
Cereza, borde violáceo.

NARIZ
Buena intensidad, frutas rojas maduras, especiado, roble bien integrado.

BOCA
Equilibrado, elegante, redondo, aterciopelado.

LOS MOMENTOS DEL VINO

Comer solo nunca debería ser la aceptación de una derrota. La soledad en la mesa supone elegirse a uno mismo para compartir mantel, doble rol de anfitrión e invitado. "Nunca te acobardes en privado, cuídate"; lo escribe M. F. K. Fisher en *El arte de comer*. No es egoísmo, solo amor propio. No hay que gustarle a todos, no todo el mundo tiene buen gusto. Y Rudeles gratifica el ánimo.

Otros descubrimientos

Si lo que se quiere es beber tradición, una buena opción será **Finca Resalso** (7,90 €), el vino más joven de Bodegas Emilio Moro. El viñedo se creó a partir de una selección clonal entre los mejores y más viejos ejemplares de tinto fino de la familia.

ENOTURISMO

Rudeles es un proyecto familiar nacido del empeño por mantener el legado de generaciones pasadas. Pasión por las viejas viñas en una comarca soriana, Peñalba, tan poco conocida como este pequeño gran vino. Apoyar estos proyectos, consumir sus vinos, colaborar en el desarrollo turístico de estas zonas, es trabajar por la sostenibilidad y la igualdad.

Tierras El Guijarral
Trasterrera, 10 • Peñalba de San Esteban, Soria
www.rudeles.com • tel. 618 644 633
Visitas enoturismo: No • Venta en línea: Sí

Algueira Mencía 2015

9 €

D.O. Ribeira Sacra

Adega Algueira
100% mencía
Barrica: sin madera
Grados: 13%

NOTAS DE CATA

VISTA
Cereza, ribete morado.

NARIZ
Buena intensidad, fruta roja y negra, notas balsámicas, ahumados, mineralidad.

BOCA
Fresco, jugoso, amable en boca, elegante, buen final.

"Embotellar el paisaje"; así reza el credo de Fernando González, viticultor y propietario de Algueira. Sus viñedos se desparraman en bancales imposibles por las orillas del Sil, con verticalidades de hasta el 80%. Las variedades blancas miran al norte, la mencía y las tintas al sur, arropadas en un tibio microclima mediterráneo. En ambas orillas, solo uvas con alma gallega, sin invasiones francesas, sin huellas de tempranillo. En el suelo, piedra y escamas pizarrosas que transmiten mineralidad al vino.

Mencía joven, mediterráneamente frutal, llena de frescura atlántica. En boca el vino defiende bien su fuerza sin perder jugosidad y su carácter mineral suma terruño a su personalidad.

LOS MOMENTOS DEL VINO

Hay vinos que hablan de sacrificio y agricultura heroica, como los de Algueira, nacidos en viñedos de laboreo imposible. Ha sido un día difícil, una temporada difícil, un año complejo... vendrá la vendimia, la uva madurará y aunque escasa, llegará llena de concentración y de fuerza. Cada copa de Algueira encierra una estimulante lección de vida: siempre es demasiado temprano para rendirse.

ENOTURISMO

Resulta sencillo disfrutar de un día de enoturismo en Algueira. Se puede empezar por una ruta de senderismo que de la bodega llevará al mirador de Pena do Castelo, donde contemplar el cañón del Sil. De vuelta, la visita de la bodega y almuerzo en su propio restaurante. Como remate del día, una pequeña navegación por el Sil a bordo del *Brandán*.

Otros descubrimientos

Los amantes de los tintos atlánticos encontrarán felices hallazgos en la Ribeira Sacra. Adegas Moure elabora **Mencía Abadía da Cova** (10 €), un tinto frutal, de boca potente y bien construida, mineral y con un toque de calidez.

Adega Algueira
Doade, s/n • Sober, Lugo
www.adegaalgueira.com • tel. 982 152 238
Visitas enoturismo: Sí • Venta en línea: Sí

Lacrimus Apasionado 2016

Rioja rotundamente diferencial, vino de autor, complejo, que habla de un enólogo curioso en busca de la innovación sin prejuicios. Una parte de la uva tempranillo se deja sobremadurar en viña. Otra partida, vendimiada con anterioridad, pasa días de sueño en la bodega, deshidratándose en bandejas. El método recuerda al *ripasso*, habitual en los valpolicellas, vinos italianos que utilizan una parte de uva pasificada. De esta manera el vino gana intensidad y concentración, a la que se suma la frescura que aporta el graciano por su buena acidez.

Hay un juego excepcional con la fruta en este vino de boca golosa y complejidad aromática. La fruta prohibida es siempre la más apetecible.

7,25 €

D.O. Ca. Rioja

Rodríguez Sanzo
75% tempranillo,
25% graciano
Ensamblaje tinos roble
Grados: 14%

NOTAS DE CATA

VISTA
Picota, destellos púrpura.

NARIZ
Buena intensidad, frutas rojas y negras bien maduras, especiado, mineral.

BOCA
Frutoso, sabroso, complejo, concentrado, sedoso, fresco, taninos dulces.

LOS MOMENTOS DEL VINO

¿Hay algo más desolador que arrancar el día con un puñado de tristes copos de avena nadando en mares de soja transgénica? Y luego la dieta, el gimnasio, días de ovulación, la menopausia... No hay desastre que no calmen unos buenos zapatos de tacón —la elevación otorga poder. *Stilettos*, Apasionado y chocolate. Amarse a uno mismo es el inicio de una historia de amor eterna; lo decía Wilde.

Otros descubrimientos

Resulta más fácil comprar Apasionado en Alemania que en España. Menos mal que puede adquirirse en la web del productor. Otro hallazgo es **Lacrimus Rex** (6,90 €), tinto representativo de la Rioja Baja, fusión de garnacha y graciano.

ENOTURISMO

La Rioja Baja ofrece al enoturista hambriento el aliciente de su buena gastronomía: Ausejo es tierra de espárragos; el valle de Ocón, aceitero; Pradejón, patria de champiñones y setas; en Calahorra la verdura es reina, igual que en Alfaro; Rincón de Soto es tierra de peras con denominación de origen; y Aldeanueva del Ebro, cuna de buenas bodegas.

Rodríguez Sanzo (Grupo)
Manuel Azaña, 9 • Valladolid
www.rodriguezsanzo.com • tel. 983 150 150
Visitas enoturismo: No • Venta en línea: Sí

LZ 2016

8 €

D.O. Ca. Rioja

Compañía de Vinos Telmo Rodríguez
Tempranillo, garnacha, graciano
Fermentado, envejecido en cemento
Grados: 13,5%

NOTAS DE CATA

VISTA
Picota, reflejos violáceos.

NARIZ
Fruta roja fresca casi crujiente, notas lácticas, especiados.

BOCA
Fresco, vivaz, paso ágil, taninos equilibrados con acidez, longitud media.

Aquellos aquejados de *riojitis* clásica deben obrar con precaución ante LZ. Se trata de un tinto joven sin paso por barrica; prima la fruta, resulta tremendamente fresco por su acidez, se presenta ligero de cuerpo y con buena potencia. Es un tinto que enfatiza el viñedo, elaborado con una enología apenas intrusiva que resalta su origen: viña vieja en vaso y terreno arcillo-calcáreo, el más deseado por la tempranillo.

Tras las iniciales se esconde el viñedo de Telmo Rodríguez en Lantziego, Rioja Alavesa, uno de los enólogos con más personalidad del panorama actual. Con proyectos abiertos en varios territorios, su trabajo con variedades autóctonas y recuperación de viña vieja habla de verdadera revolución.

LOS MOMENTOS DEL VINO

Para paladares doctos en cocina mexicana, india o turca, la palabra "picante" puede quedarse algo corta a la hora de definir el gusto por los incendios vehementes. En festivales gastronómicos de chiles, ajíes, guindillas y curris, se precisa un vino que disipe la saturación sensorial del picante. Nada mejor para lidiar con hogueras que la verticalidad en boca de este pequeño gran vino.

ENOTURISMO

La bodega de Telmo Rodríguez en Lantziego no se abre al enoturismo, pero sí su bodega familiar en Labastida. Nuestra Señora de Remelluri es una granja de origen medieval que recoge múltiples vestigios, desde restos prehistóricos o romanos a huellas medievales, recuerdos de ermitaños y monjes. Permite diferentes paseos entre arte, viñas y cultivos.

Otros descubrimientos

Con la misma filosofía que LZ, Telmo Rodríguez elabora vinos jóvenes y vibrantes con variedades autóctonas. Buenos hallazgos son **Dehesa Gago** (8,45 €), tinta de Toro en estado puro, o **Gaba do Xil** (8,30 €), mencía de Valdeorras.

Compañía de Vinos Telmo Rodríguez
El Monte, s/n • Lanziego, Álava
www.telmorodriguez.com • tel. 945 628 315
Visitas enoturismo: No • Venta en línea: No

Viuda Negra Crianza 2014

Javier San Pedro, espíritu innovador y atrevido, quinta generación de viticultores, creció trabajando en la bodega familiar de Vallobera, entre viñas y vendimias. A los 17 años creó su primer vino y en el 2013 inició la aventura personal de la bodega propia.

Una mirada fresca y renovada sobre los tintos de La Rioja y el fruto en exclusiva de viñas viejas confieren a Viuda Negra su carácter diferencial, expresión de la tipicidad que marca el viñedo a los pies de la sierra de Cantabria, pero sobre todo, vocabularios escritos por su autor. El vino resulta estructurado y fresco, sumamente equilibrado, sin estridencias, y con una madera que insinúa sin imponerse, tras 14 meses de silencio.

8,40 €

D.O. Ca. Rioja

Javier San Pedro Ortega
100% tempranillo
Barrica: 14 meses
Grados: 13,5%

NOTAS DE CATA

VISTA

Picota brillante.

NARIZ

Elegante, complejo, fruta madura, especiados, tostados finos, notas minerales.

BOCA

Estructurado, equilibrado, fresco, sabroso, taninos maduros, largo.

LOS MOMENTOS DEL VINO

Natasha Romanoff encarna a la atractiva Viuda Negra, heroína de Marvel. Scarlett Johansson la llevó al cine, vestida de sensualidad y cuero negro. ¡Tiempo de conquistar al Capitán América! Momento *Kiss or Kill*. La carnalidad del solomillo y el desparrame lúbrico del *coulant* obvian la metáfora. Lo importante no es cómo llevar un vestido... lo importante es el estilo para quitárselo.

Otros descubrimientos

Paco García Crianza (9,80 €) apunta también en la dirección de los nuevos tintos de La Rioja. Predomina la fruta y se nota muy sutilmente el toque de madera que da volumen y redondez al vino. Es un tinto para el disfrute inmediato.

ENOTURISMO

No hay pueblo más vinatero en Álava que la villa amurallada de Laguardia. Merece la pena dejarse guiar por su cinturón de piedra y rodear la localidad disfrutando largos paseos. Intramuros hay historia y arte, así como las cuevas que serpentean bajo suelo, protegiendo añadas. En los alrededores, el poblado megalítico de La Hoya bien vale una visita.

Javier San Pedro Ortega
La Hoya Bidea, 7 • Laguardia, Álava
www.bodegasjaviersanpedro.com • tel. 636 082 927
Visitas enoturismo: No • Venta en línea: No

Sierra Cantabria Crianza 2013

8,75

D.O. Ca. Rioja

Sierra Cantabria
100% tempranillo
Barrica: 14 meses
Grados: 14%

Son ya cinco las generaciones de la familia Eguren que trabajan el viñedo riojano. Sierra Cantabria puede considerarse la bodega fundacional, de la que han surgido nuevos brotes en La Rioja y Toro. Con esta marca se elaboran dos estilos de vino muy diferentes: crianzas de carácter clásico como este, y vinos de *terroir* que buscan elementos diferenciadores con una paleta renovada.

Este es un rioja de libro, con su esperable color rubí, envejecido en barricas de roble americano, básicamente de segundo y tercer año, que tan bien transmiten esas notas de vainilla y cacao, siempre deseadas por los amantes de los riojas clásicos. En suma, un rioja de canon, fresco, frutal, de una elegancia atemporal.

NOTAS DE CATA

VISTA
Rubí, capa media.

NARIZ
Buena intensidad, frutal, frutos rojos, especiado, notas de crianza: vainilla, cacao, torrefactos.

BOCA
Elegante, fresco, equilibrado, taninos aterciopelados, persistente.

LOS MOMENTOS DEL VINO

Reuniones heterogéneas pueden agradecer la seguridad que ofrece Sierra Cantabria. Hay en los órdenes clásicos un orden y una elegancia que los dota de una poesía íntima, sencilla y siempre perdurable. Así, los riojas canónicos pueden pasar notoriamente desapercibidos en cualquier situación, como diría Honoré de Balzac, dejando la vanidad para quien no tiene ninguna otra cosa que exhibir.

ENOTURISMO

Si Sierra Cantabria no es fácilmente visitable, en la agenda del perfecto enoturista no deberá faltar un recorrido por otra de las grandes bodegas de la familia Eguren en La Rioja. Se trata de Viñedos de Páganos, cercana a Laguardia, bodega esculpida bajo roca que cuenta con dos viñedos excepcionales, El Puntido y La Nieta, cuidados como jardines.

Otros descubrimientos

Valdelana Crianza (8,60 €) es un rioja de inspiración clásica, con una personalidad bien marcada por la madera que abraza con determinación la fruta, imprimiendo al vino estructura, notas tostadas y un carácter muy personal.

Sierra Cantabria
Amorebieta, 3 • San Vicente de la Sonsierra, La Rioja
www.eguren.com • tel. 941 334 080
Visitas enoturismo: No • Venta en línea: No

Artuke Pies Negros 2015

Cuando Roberto Miguel, siguiendo la tradición familiar, fundó la bodega, hizo una apuesta de futuro dándole el nombre de sus hijos Arturo y Kike. Cuando los hijos tomaron las riendas de la bodega, los nombres de sus vinos nacieron de historias familiares. Pies Negros recuerda el pisado tradicional de las uvas, que aún hoy en día siguen practicando para elaborar este tinto.

El vino ofrece un perfil de rioja moderno, con poco peso de madera y protagonismo de fruta, tanto que en los primeros meses a la venta casi recuerda a su hermano menor, Artuke Maceración Carbónica, aunque el tiempo lo torna más serio, redondeando exuberancias. Es un crianza que mira al futuro, sin perder su tipicidad.

9 €

D.O. Ca. Rioja

Artuke Bodegas y Viñedos
90% tempranillo, 10% graciano
Barrica: 14 meses
Grados: 14%

NOTAS DE CATA

VISTA
Cereza, borde violáceo.

NARIZ
Intensidad aromática, complejo, fruta madura, balsámicos, regaliz, suaves recuerdos tostados.

BOCA
Equilibrado, carnoso, vivo, paso fresco, taninos golosos.

LOS MOMENTOS DEL VINO

¿Cuál es el secreto de la serenidad de un vino? Quizá este carácter responda a la cooperación incondicional con lo inevitable. El viñedo enseña, se amolda cada año al clima, a la tierra, a la mano fiera o dulce del viticultor, y de esta armonía nace su equilibrio. Siempre hay un vino para acercarse a las personas que le cuidan a uno, aunque los diálogos vengan de dibujar tormentas.

Otros descubrimientos

Los de Artuke hablan de vinos de pueblo y de finca. Pies Negros es un vino de pueblo como el divertido **Artuke Maceración Carbónica** (5 €). Una ocasión especial merecerá **Finca de Los Locos** (16 €). ¡Vale más de lo que cuesta!

ENOTURISMO

Artuke posee 22 Ha de viñedo propio, la mayoría en Baños de Ebro pero también en Ábalos. Allí crece feliz el viñedo de Pies Negros, en parcelas de altura buscando la frescura del vino, en suelos calcáreos de donde proceden los riojas más elegantes. La bodega se ubica en Baños de Ebro. Siempre es un placer ser recibido por los propietarios.

Artuke Bodegas y Viñedos
La Serna, 24 • Baños del Ebro, Álava
www.artuke.com • tel. 945 623 323
Visitas enoturismo: Sí • Venta en línea: No

Rayos Uva 2016

9,50 €

D.O. Ca. Rioja

Olivier Rivière Vinos
Tempranillo, garnacha tinta, graciano
Barrica: fudres usados de madera
Grados: 14%

NOTAS DE CATA

VISTA
Guinda, ribete violáceo.

NARIZ
Intensidad aromática, fruta madura, matices florales, notas minerales.

BOCA
Fresco, sabroso, envolvente, equilibrado, taninos bien integrados.

Olivier Rivière elabora en La Rioja vinos personales y sin ataduras. Su empeño es buscar la expresión del terruño en cada botella, al margen de imposiciones; el viñedo como elemento diferenciador. De ahí que trabaje con un espíritu poco intervencionista tanto en el campo como en la bodega.

En Rayos Uva hay firmeza en la búsqueda de fruta y acidez, por eso su autor busca viñedos viejos y de altura en las tierras más frescas de la Rioja Alavesa. Para no opacar el *terroir*, se minimiza el uso de la madera que esconde la fruta; el vino no pasa por barrica, aunque es afinado con sus lías en depósitos y fudres grandes de madera vieja durante cinco meses. Caricias escritas en la boca...

LOS MOMENTOS DEL VINO

Los contornos de objetos claros sobre fondo oscuro se tornan algo imprecisos. La etiqueta de Rayos Uva sobre negro habla de un proyecto elaborado con uva comprada. El sueño de Olivier es escribir negro sobre blanco, desarrollar un proyecto desde su viña. ¡Por algo hay que empezar! Un vino puede ser el inicio de un camino único que nadie ha transitado. Nada se consigue sin antes soñarlo.

ENOTURISMO

La Rioja Alavesa conforma una de las rutas en torno a la cultura del vino de mayor desarrollo en el país. Aquí el vino se bebe y se vive en numerosas manifestaciones culturales, en bodegas de todo tipo, en paisajes, en arquitectura y, ¡cómo no!, en la gastronomía vasca. Toda la información puede encontrarse en www.rutadelvinoderiojaalavesa.com.

Otros descubrimientos

Merece la pena apostar por otros proyectos de este elaborador. Aunque exijan un poco más de inversión, esta será bien empleada, como **La Vallada** (11,50 €), letras blancas sobre negro, viña propia, expresión del tempranillo de Arlanza.

Olivier Rivière Vinos
Bretón de Los Herreros, 14 • Logroño
www.olivier-riviere.com • tel. 690 733 541
Visitas enoturismo: No • Venta en línea: No

Sierra de Toloño Tinto 2015

El viñedo se acurruca a los pies de la sierra de Toloño, en las caras solaneras, buscando protección ante el frío del norte, justo en la muga donde el País Vasco y La Rioja se topan. Prima la frescura de la altitud, pero se siente la tibieza mediterránea, fruto del abrigo de la montaña. ¡Hay que beber Sierra de Toloño para sentir este paisaje! Frescura y calidez.

La pintura emocional de la viña no se desdibuja en la bodega. Allí se recrea lo artesano, el vino ni se clarifica ni se filtra, y buscando autenticidad se trabajan los trasiegos, las lías finas que darán volumen en boca. El roble apenas se insinúa tras seis meses de crianza... El resultado es un vino elegante y muy expresivo.

9,50 €

D.O. Ca. Rioja

Sierra de Toloño
100% tempranillo
Barrica: 6 meses
Grados: 13,5%

NOTAS DE CATA

VISTA
Cereza, reflejos púrpura.

NARIZ
Fruta roja madura, monte bajo, balsámicos, notas de violeta, finos tostados.

BOCA
Elegante, expresivo, fresco, taninos redondos, final largo.

LOS MOMENTOS DEL VINO

Lo difícil atrae, lo imposible seduce. A menudo encontrar un vino exige un fuerte empeño de búsqueda; no sirve correr al supermercado. Casi nunca hay atajos para llegar a los lugares que realmente merecen la pena. Se acostumbra a celebrar el éxito, pocas veces el esfuerzo. Quizá sea el momento de brindar con Toloño por los sueños imposibles y ponerse a trabajar en ellos de inmediato.

Otros descubrimientos

Paal 01 (8,50 €) es un syrah navarro. Comparte con Toloño ese carácter atípico que los separa de caminos trillados. Los dos son vinos personales, cargados de emociones, surgidos del sueño y el talento de dos jóvenes enólogas.

ENOTURISMO

Sandra, enóloga y productora del vino, no acostumbra a hacer visitas de enoturismo pero acompaña muchas salidas al campo de *wine lovers*. A su lado se vive la viña y el entusiasmo de quien ama su trabajo y persigue sus sueños. El enoturista montaraz podrá subir a la cresta de la sierra. Arriba aguarda la cruz del Toloño, símbolo de la bodega.

Sierra de Toloño
La Lleca, s/n • Villabuena de Álava, Álava
www.sierradetolono.com • tel. 626 233 085
Visitas enoturismo: No • Venta en línea: No

LaFou El Sender 2015

9,85 €

D.O. Terra Alta

LaFou Celler
Garnacha, syrah y morenillo
Tinto, crianza 6 meses
Grados: 14%

NOTAS DE CATA

VISTA
Cereza, borde granate.

NARIZ
Complejo, fruta negra madura, flores secas, especiado, balsámico.

BOCA
Fresco, frutoso, con volumen, goloso, buenos taninos, persistente.

Después de liderar el éxito de la picapoll en el Pla del Bages, la familia Roqueta se empeñó en un nuevo proyecto en torno a las variedades tradicionales de la Terra Alta con el fin de elaborar vinos elegantes y de carácter. La garnacha conforma el alma del territorio y le acompaña una desconocida, la morenillo. Dicen en la Terra Alta que los vinos que se elaboran con morenillo no son tintos, a lo más...

LaFou defiende bien la expresión tradicional de la garnacha de la Terra Alta, ligera, con recuerdos de fruta negra madura y dejos de hierbas silvestres. La syrah suma nervio y frescura al conjunto, y el corto paso por madera redondea el vino. Volumen, madurez y frescura a partes iguales.

LOS MOMENTOS DEL VINO

Contra la sed del alma, ¡viñedo! Unión telúrica y ancestral que vincula al hombre con la tierra y amaina el espíritu, bálsamo de inquietudes. Son recetas sencillas, como orillar viñas en atardeceres de otoño o buscar al amparo de sombra frondosa viñedos que colmen la vista mientras se saca de la talega una botella de LaFou fresca, con la compañía de un fuet, queso y una voz amiga.

ENOTURISMO

Además de visitar la bodega de LaFou, situada en el centro del pueblo de Batea, alma de la comarca, habrá que recorrer los paisajes de la Terra Alta para descubrir los barrancos que cursos de agua esculpen en su orografía, formaciones muy típicas que los habitantes de la zona conocen como *fous*, hoces. El nombre evoca geografías de territorio.

Otros descubrimientos

No hay que perder de vista la evolución de la Terra Alta. Sus garnachas apuntan personalidad. La blanca marca el carácter del territorio, pero hay buenos ejemplos de garnacha negra. Un apunte: **Bàrbara Forés Negre** (9,35 €).

LaFou Celler
Pça. Catalunya, 34 • Batea, Tarragona
www.lafou.net • tel. 938 743 511
Visitas enoturismo: Sí • Venta en línea: No

Flor de Vetus 2014

Los buenos vinos toresanos son potentes y nobles como esos toros boyantes de noble lidia. El grado, su potencia, puede hacerlos parecer rústicos, pero cuando se torean con arte se muestran elegantes y sutiles. Así es Flor de Vetus, toro moderno, con carácter, expresión de tipicidad de la tinta, fresco, frutal, sumiso en los taninos... y con la complejidad que le suma la madera.

"Tierra prometida del vino español", así calificó el crítico americano Parker la potencialidad de Toro. Lo mismo debió pasarles a los riojanos de Izadi. Desembarcaron tímidamente en el 2003 y ahora cuentan con una finca de 20 Ha, plantada en laderas y en una zona de clima extremo que transfiere al vino frescura mágica.

8,40 €

D.O. Toro

Bodegas Vetus
100% tinta de Toro
Barrica: 9 meses
Grados: 14%

NOTAS DE CATA

VISTA
Picota brillante.

NARIZ
Buena intensidad, carácter frutal, notas de crianza: tostados, cacao.

BOCA
Buena estructura, frutoso, fresco, graso, goloso, tanino amable.

LOS MOMENTOS DEL VINO

Cuenta Charles Baudelaire en su libro *Del vino y del hachís* que E. T. A. Hoffmann, el músico, había ideado un barómetro psicológico de su alma: ánimo de soledad con profunda satisfacción personal; tempestad musical; jovialidad sarcástica. En fin, que se trata de esbozar el barómetro propio y sumarle a cada ocasión el vino adecuado. *Ánimo ligeramente irónico, templado de indulgencia*... y copa de Vetus.

Otros descubrimientos

Quien busque toros diferentes encontrará en **Corral de Campanas** (9,10 €) de Quinta Quietud un vino ecológico muy especial. De nariz difícil en ocasiones, resulta un tinto auténtico, expresivo, fiel reflejo de la tierra de Toro.

ENOTURISMO

En lo alto de una loma se alza la bodega de Vetus, presidiendo el viñedo monocorde de tinta de Toro como si de un *château* francés se tratara. La bodega ofrece un diseño moderno y equilibrado, coherente con el vino y la filosofía de Izadi. Muy cerca, en Morales de Toro, aguarda la joya de la casa, Camparrón, alma de viña prefiloxérica.

Bodegas Vetus
Ctra. ZA-605 Toro-Salamanca, km 9-10 • Toro, Zamora
www.bodegasvetus.com • tel. 983 680 437
Visitas enoturismo: Sí • Venta en línea: Sí

Romántico 2015

8,45 €

D.O. Toro

Teso la Monja
100% tinta de Toro
Barrica: 6 meses
Grados: 14,5%

NOTAS DE CATA

VISTA
Cereza cubierta.

NARIZ
Buena intensidad, fruta madura, fruta golosa, balsámicos, notas de crianza, mineralidad.

BOCA
Afrutado, fresco, carnoso, elegante, envolvente, persistente.

Los Eguren son una de las familias más reputadas del vino español. Sus vinos de La Rioja y Toro rayan siempre el sobresaliente *cum laude*. Originarios de La Rioja, llegaron a Toro hace casi 20 años con la mítica bodega Numanthia. Su Termanthia del 94 besó el cielo al alcanzar el 100 del crítico americano Parker. En el 2007 abrieron las puertas de su nueva bodega en Toro, Teso La Monja.

Románico es el hermano pequeño de una familia de celebridades como Victorino o Alabaster. Vino expresivo, próximo y de fácil disfrute, defiende muy bien el carácter del tinto toresano: buena carga frutal y aromática bien abrazada a una estructura que sabe mostrar fuerza sin perder su elegancia.

LOS MOMENTOS DEL VINO

Lienzos pintados de anécdotas: vale la pena escuchar a Marcos Eguren hablando de la mejor forma de apreciar sus vinos. Hay que cerrar los ojos, dice, dejarse llevar y sentir que se hace un viaje al *terroir* donde nacen. Bien escuchado, Románico cuenta historias de estaciones extremas, de suelos arenosos, de paisajes áridos... La compañía de un queso zamorano aportará certeza al camino.

ENOTURISMO

Los caminos en torno a Toro están plagados de grandes bodegas. Toro, capital del vino, ofrece al viajero numerosos recursos históricos y culturales. Visita obligada es su colegiata y también sus bodegas subterráneas, laberinto de túneles y vinos artesanos. Con su nombre este vino rinde homenaje al gran patrimonio románico que ofrece toda Zamora.

Teso la Monja
Paraje Valdebuey, ctra. ZA-611, km 6,3 • Valdefinjas, Zamora
www.eguren.com • tel. 980 568 143
Visitas enoturismo: No • Venta en línea: No

Otros descubrimientos

Elías Mora Roble (9,90 €) es la expresión de fuerza de la tinta de Toro en narración de una mujer, Victoria Benavides. Elegancia discreta que llama al equilibrio, resulta un vino versátil gastronómico y amigo de la copa hedonista.

Dominio de Valdelacasa 2010

Al beber este vino se va de sorpresa en sorpresa: asombra, en primer lugar, la vejez de la añada en el mercado, que se percibe, sin embargo, vivaz, jugosa y refrescante; es la potencia racial de la tinta toresana, a la que siete meses de barrica nueva suavizan y domestican como si nada. Y sigue la admiración ante un tinto de esta calidad elaborado con un viñedo, se diría, aún adolescente, en espaldera y con goteo. Hay que hacer muy bien las cosas para conseguir estos resultados.

Paisajes de tierra roja para este vino sorpresa; el pago, de suelos pedregosos, se encuentra a 654 m de altitud, bajo un clima continental y muy seco. ¡De las manos más duras nacen las caricias más sutiles!

9 €

D.O. Toro

Bodegas Frontaura
100% tinta del país
Barrica: 7 meses
Grados: 14%

NOTAS DE CATA

VISTA
Picota brillante.

NARIZ
Buena intensidad, franqueza, frutas rojas y negras, balsámicos, lácteos, cacao.

BOCA
Fresco, jugoso, estructurado pero suave y untuoso, complejo.

LOS MOMENTOS DEL VINO

"Me voy a suicidar, por eso he de irme a París y saltar desde la Torre Eiffel. Me mataré. Yendo en el Concorde podría estar muerto tres horas antes." Pero Woody Allen se encaminó hacia Venecia. Cuando el mar tira del corazón, conviene vestirse de sirena. Dar para recibir, cocinar para los amigos, compartir un Valdecasa. "¡Como no levantes la cabeza, princesa, la corona acabará en el suelo!"

Otros descubrimientos

Muchos bodegueros saben que comparten viña con unos inquilinos glotones, los jabalíes. Así se diferencia bien la etiqueta de **Madremía** (10 €), un toro provocadoramente frutal, con nueve meses de roble, sabroso y estructurado.

ENOTURISMO

En Toro, lo mismo que en la Ribera, el Duero marca el paisaje, crea vida, alimenta almas y viñedos, y moldea la historia y el carácter de sus gentes. Un viaje a Toro es la excusa perfecta para orillar el río, quizás con los poemas de Machado o la poesía de Gerardo Diego bajo el brazo. Suenan estrofas de agua y el viejo Duero sonríe entre sus barbas de plata...

Bodegas Frontaura (Grupo)
Crta. Pesquera de Duero-Renedo, s/n • Pesquera de Duero, Valladolid
www.bodegasfrontaura.com • tel. 983 880 065
Visitas enoturismo: No • Venta en línea: Sí

Yaso 2014

9,95 €

D.O. Toro

Compañía de Viñedos Iberian
100% tinta de Toro
Barrica: 6 meses
Grados: 13,5%

Si Parker te quiere, el mundo te adora. En el 2013, el gurú americano del vino otorgó 93 puntos a este gran tinto. Razones no le faltaban. Yaso sabe conciliar su carácter de toro moderno con una expresión leal al terruño zamorano. Se presenta jugoso, de paso más ágil que otros toros y lleno de fruta, sin olvidarse de exhibir con gestos amables volumen y elegancia.

El vino honra a la diosa de la curación Yaso, hija de Asclepios, el dios médico, hermana de Higia y pariente de otros muchos miembros de la gran familia mitológica de la medicina occidental. Así que Yaso contribuye en su humildad a la buena salud del alma, y es que no hay medicina que cure lo que no cura la felicidad.

NOTAS DE CATA

VISTA
Picota, ribete violáceo.

NARIZ
Buena intensidad, frutas rojas y negras maduras, balsámicos, especiados, monte bajo.

BOCA
Fresco, con volumen, goloso, elegante, buena longitud.

LOS MOMENTOS DEL VINO

La tradición marca excesos en los fogones navideños. La cocina de las grandes celebraciones arrasa con pelo, pluma y escama. Todo vale para el convento y se lleva ora una pintada alopécica, ora un taciturno pavo relleno de trufas, gordo como el obispo de Ginebra, según definición tomada en préstamo de Voltaire. En las grandes cocinas de fiesta, Yaso refresca, cumple y sobresale.

ENOTURISMO

Los viñedos de Yaso se encuentran en Morales de Toro; son 14 Ha con una media de 20 años, cultivadas en pequeñas laderas norteñas, para buscar frescura. En Morales se encuentra el Museo del Vino de Pagos del Rey, buen dinamizador de la cultura del vino. Conviene rematar el día con una excursión tabernaria compartiendo charla y chato con los lugareños.

Otros descubrimientos

Dehesa Gago (8,25 €) es un toro joven, enormemente fresco. Sin paso por barrica, se presenta potente, frutal y con mucho nervio. Es un vino lleno de personalidad al que hay que dar unos meses de afinamiento tras salir al mercado.

Compañía de Viñedos Iberian (Grupo)
Hacienda El Pinar • El Puerto de Santa María, Cádiz
www.vinosiberian.com • tel. 956 854 204
Visitas enoturismo: No • Venta en línea: No

La Forcallà de Antonia 2016

Este es un vino deseado. En el 2015 el granizo se antojó del único viñedo con el que se elabora este vino. Y en el 2016 llegó el tan esperado reencuentro. De la forcallà, variedad levantina casi desaparecida, se decía que sus vinos ofrecían poco color y menos alcohol, así que sufrió fieros arranques. Por fortuna, siempre quedan viticultores enamorados de la poesía y alguna parcela se salvó. Viñedo de 55 años, pie franco, sobre suelo arenoso y en altura, buscando frescor.

Esta es una añada de gala; tres meses en pequeños depósitos de hormigón mantienen el carácter frutal de la forcallà sin robarle frescura, y un leve paso por madera potencia su elegancia. Hasta puede sentirse un Mediterráneo de cítricos dulces.

9,50 €

D.O. Valencia

Bodegas Rafael Cambra
100% forcallà
Barrica: 5 meses
Grados: 14%

NOTAS DE CATA

VISTA
Cereza, capa media.

NARIZ
Intensidad aromática, fruta roja, cítricos dulces, algún ahumado.

BOCA
Buena acidez, elegante, textura terrosa, paso ágil, persistente.

LOS MOMENTOS DEL VINO

"Cuidaste a esa persona, amaneciste de luz sus noches más oscuras, le enseñaste a soñar y soñaste a su vera, trazaste caminos ciertos en sus naufragios y, al final, el muy perro o a la inversa, se fue con otra, o a la inversa." A veces todo lo que se necesita es permitirse unas lágrimas y asirse a los amigos. La forcallà sabe que hay oportunidades hasta en las peores circunstancias. Para todos.

Otros descubrimientos

Los vinos de Rafa Cambra tienen una gran personalidad. Quien desee ahondar en la filosofía de esta bodega podrá decantarse por **Rafa Cambra Dos** (8,30 €); la valenciana monastrell y la francesa cabernet trabajando al alimón.

ENOTURISMO

Rafa Cambra se define en la etiqueta de su vino como pasante en Fontanars dels Alforins, explicando quizá su empeño por buscar y perpetuar el terruño original y las variedades tradicionales de la zona. Tierras ubicadas al sur de Valencia, ofrecen una belleza que hace pensar en la Toscana española. Toda la información en www.terresdelsalforins.com.

Bodegas Rafael Cambra
Camí de les Naus Artesanals, 14 • Fontanars dels Alforins, Valencia
www.rafaelcambra.es • tel. 626 309 327
Visitas enoturismo: Sí • Venta en línea: No

Senda Las Moradas de San Martín 2013

9,50 €

D.O. Vinos de Madrid

Las Moradas
de San Martín
100% garnacha
Barrica: 10 meses
Grados: 15%

Madrid revive su viñedo ancestral. De las tres zonas que apuestan nuevamente por el vino, San Martín de Valdeiglesias alberga posiblemente el mejor futuro. Juega con dos cartas ganadoras: garnachas bien arraigadas y suelos de granito que otorgan frescura y personalidad mineral a unos vinos muy diferenciales.

Senda, el hermano pequeño de una buena familia, es un vino singular, expresión de territorio: garnacha fresca de viñedo viejo de altura, como una caricia atlántica; muy aromático, recuerdo de fruta negra y monte bajo; cuerpo ágil sin perder volumen ni potencia en la boca; y la mineralidad indescifrable de la tierra de San Martín, que se siente, pero cuesta enunciar.

NOTAS DE CATA

VISTA
Cereza, borde granatoso.

NARIZ
Aromas varietales, notas florales, fruta negra madura, monte bajo, mineralidad, leves tostados.

BOCA
Complejo, fresco, maduro, bien equilibrado, largo.

LOS MOMENTOS DEL VINO

No hay mejor resaca que las borracheras de literatura. Alguien escribió que nunca se termina de aprender a leer, como tal vez nunca se termine de aprender a vivir. Son palabras de Borges, el lector más iluminado del mundo a pesar de su ceguera. Cada libro espera a su lector ideal y cada lectura puede llegar en compañía de un vino diferente: Las Moradas de San...ta Teresa, mística del vino.

ENOTURISMO

Fue la orden del Císter la que introdujo la vid en San Martín de Valdeiglesias. Se ha trazado una ruta enoturística denominada "El valle de las iglesias y el legado del Císter", que recorre la subzona, pasando por lugares y monumentos que recuerdan la actividad vinícola de los cistercienses madrileños. Más información en www.madridrutasdelvino.es.

Otros descubrimientos

A los nostálgicos de los ochenta **La Bruja Avería** (12,5 €) les robará el corazón, y su contenido les entusiasmará. Merece la pena romper la hucha. El vino está elaborado por Comando G, proclamación de la "g" de garnacha y Gredos.

Las Moradas de San Martín
Ctra. M-541, km 4,7 • San Martín de Valdeiglesias, Madrid
www.lasmoradasdesanmartin.es • tel. 660 237 456
Visitas enoturismo: Sí • Venta en línea: No

A de Aylés 2015

Con más de 3000 Ha de extensión, Pago Aylés es una de las fincas históricas mayores de Aragón. Sus características paisajísticas, riqueza natural, suelo y clima conforman una suma de atributos únicos que marcan la personalidad de sus vinos. Desde el 2010, estos ostentan el calificativo de Vinos de Pago, la mayor valoración de calidad que se puede dar a un vino en nuestro país.

Los vinos de Aylés deconstruyen en su nombre abecedarios, reflejando cada uno un tipo de vino. A de Aylés representa un tinto joven que no renuncia a la complejidad; de cuerpo medio, ofrece frescura, carácter frutal y una boca sedosa bien refrescada por un punto balsámico, reflejo de los paisajes de Aragón.

7,80 €

V. P. Aylés

Bodegas Pago Aylés
Merlot, tempranillo, garnacha, cabernet sauvignon
Barrica: 4 meses
Grados: 13,5%

NOTAS DE CATA

VISTA
Cereza picota, ribete violáceo

NARIZ
Aromático, frutas rojas frescas, especiado, notas de tinta china, recuerdos florales y balsámicos.

BOCA
Buena intensidad, sedoso, goloso, fresco, buen final.

LOS MOMENTOS DEL VINO

De amor nadie se muere. En días de desamor uno solo se deprime, pierde el apetito, se siente dolorido... pero no, de amor nadie se muere. Conviene salir rápido del letargo, olvidarse de idealizaciones obsesivas y no perder ninguna oportunidad de conocer gentes imperfectas que podrían hacernos perfectamente felices. Toca tirar de agenda y la "A" de Aylés incita a iniciar la búsqueda.

Otros descubrimientos

En la comarca de Cariñena se elabora **Viña Urbezo Ecológico** (5,4 €), tinto de maceración carbónica muy expresivo, lleno de aromas florales y fruta roja, fresco y divertido sin perder seriedad. Gran precio para un buen vino.

ENOTURISMO

La bodega organiza visitas guiadas que en época de clima favorable se prolongan con salidas al viñedo. La comarca del Campo de Cariñena esconde muchos tesoros de gran interés para el enoturista. En Cariñena merece la pena visitar la Casa de la Viña y el Vino. El rico legado mudéjar y la Ruta Goyesca constituyen otros hitos importantes de la visita.

Bodega Pago Aylés
Ctra. A-1101, km 24 • Mezalocha, Zaragoza
www.pagoayles.com • tel. 976 140 473
Visitas enoturismo: Sí • Venta en línea: No

Opta 2011

9,95 €

V.P. Calzadilla

Bodega y Viñedos Uribes Madero
60% tempranillo, 20% garnacha, 20% syrah
Barrica: 12 meses
Grados: 14,5%

NOTAS DE CATA

VISTA
Picota intensa.

NARIZ
Complejo, fruta roja, especiados, notas balsámicas, mineralidad.

BOCA
Elegante, fresco, carnoso, equilibrado, taninos redondos, buena longitud.

Carácter único para este gran vino, nacido en la Alcarria conquense, compañero de girasoles en los valles altos del río Mayor: tierras únicas que nunca conocieron la viña, de suelos que transmiten mineralidad al vino y un microclima protector del viñedo; viticultura artesanal, vendimia manual y, en la bodega, una concepción natural de la enología. El vino marca relojes madurando en grandes tinas y barricas. Se embotella sin intervención y duerme años de sueño hasta salir al mercado en el momento justo de consumo.

La elegancia de la tempranillo, la amabilidad de la garnacha y la fuerza de la syrah configuran un vino lleno de personalidad, que invita de inmediato al disfrute hedonista.

LOS MOMENTOS DEL VINO

"Sí, somos pobres, pero pobres de lujo." Más allá de la precariedad que fustiga hasta la esperanza, se halla el lujo de los mínimos, esa *aurea mediocritas*, dorada moderación estoica que tiene más que ver con la forma de entender la vida que con la renta. Así, el verdadero lujo transforma el Opta en un instante estético, del queso hace un bodegón de emociones, y de una mesa, la primavera.

ENOTURISMO

Por Huete, la Opta romana, pasaba la calzada por la que el yeso translúcido viajaba a Roma para vestir los vanos más nobles. La vieja ruta del cristal de Hispania puede recorrerse aún a través del GR-163. El visitante curioso podrá disfrutar de numerosas actividades en el Pago de Calzadilla, recuerdo de *château* francés, casa noble rodeada de viñedo.

Otros descubrimientos

Cuenca es tierra de oportunidades. Quien guste de vinos frescos de corte actual disfrutará la sorpresa del graciano en **Oveja tinta** (6 €); para clásicos, el descubrimiento es **Gladium Viñas Viejas** (8,50 €), con 12 meses en barrica de roble.

Bodega y Viñedos Uribes Madero
Ctra. Huete-Cuenca • Huete, Cuenca
www.pagocalzadilla.com • tel. 969 143 020
Visitas enoturismo: Sí • Venta en línea: Sí

Mestizaje 2015

La variedad bobal es una de las joyas de los vinos mediterráneos y seña de identidad de Utiel-Requena, donde se asienta Pago El Terrerazo. Tras años de sombras, poca gente confiaba en las bondades de la bobal, hasta que Toni Sarrión, enólogo de Mustiguillo, se empeñó en buscar su luz. ¡Y lo consiguió!

Mestizaje juega a ser lo que indica su nombre, una suma para obtener lo mejor: viticultura de secano y labranza, con viñedo de riego; la bobal con variedades francesas y tempranillo, vinificadas por separado; el altiplano y la influencia del mar; y 10 meses de roble francés que redondean el tanino rebelde de la bobal. En suma, una fusión compleja de mestizajes resuelta con éxito.

9,90 €

V.P. El Terrerazo

Mustiguillo Viñedos y Bodega
75% bobal, 10% merlot, 7% cabernet sauvignon, 6% garnacha, 2% tempranillo
Barrica: 10 meses
Grados 13,5%

NOTAS DE CATA

VISTA
Picota brillante.

NARIZ
Fragante, fruta roja madura, tostados bien integrados, especias dulces.

BOCA
Equilibrado, buena entrada, tanino domesticado, con volumen, final fresco y largo.

LOS MOMENTOS DEL VINO

"Descanso de tareas, liberación para los cuidados y nutrición del genio; demostración de amor y esplendor, alimento de buena voluntad, condimento de la amistad, levadura de la gracia y solaz de la vida", así relataba Ficino, el renacentista, los encuentros de amigos en la neoplatónica Villa de Careggi. Mestizaje y buena gente, amigos que saben hacer de cualquier lugar nuestra patria.

Otros descubrimientos

Los *bobalistas*, amantes de los tintos de buena estructura y volumen, podrán mirar hacia Utiel-Requena para encontrar buenos hallazgos. **Aranleón Sólo** (9,50 €) es un tinto frutal, balsámico, de boca potente y tanino amistoso.

ENOTURISMO

El Terrerazo es un pago de 125 Ha situado en el altiplano valenciano, encrucijada entre el Mediterráneo que refresca con sus brisas la viña y la tórrida Mancha que imprime sed a la tierra. Enoturismo de paisaje, donde el majuelo convive con olivos, carrascas y almendros, para descubrir en el paseo los perfumes que dibuja el vino en la bodega.

Mustiguillo Viñedos y Bodega
Ctra. N-330, km 196,5 • Utiel, Valencia
www.bodegamustiguillo.com • tel. 962 168 259
Visitas enoturismo: Sí • Venta en línea: No

Barbazul Roble 2014

7,50 €

V.T. Cádiz

Huerta de Albalá
Syrah, merlot, tintilla de Rota y cabernet sauvignon
Barrica: 5 meses
Grados: 14,5%

NOTAS DE CATA

VISTA
Picota, capa media.

NARIZ
Fruta negra madura, recuerdos de higuera, notas cítricas, herbáceos, fondo especiado.

BOCA
Buena acidez, fresco, sabroso, cuerpo ligero.

Un hombre con una idea diferente es un loco hasta que triunfa; lo decía Mark Twain y seguro que muchos lo pensaron también de Vicente Taberner. En el marco jerezano de vinos blancos y generosos, surge una bodega que elabora tintos tranquilos y rosados; en una república bipartidista —o pedro ximénez o palomino— se opta por variedades francesas y por la tintilla de Rota, olvidada reliquia de la tierra. ¡Gran osadía!

Barbazul tiene la identidad del sur, de los vinos que nacen al pie de Grazalema. Aúna calor y frescura; resulta potente, goloso y cálido, sin perder el atrevimiento del viñedo serrano que huye de las albarizas y se encarama por laderas en busca de la fresca brisa de la tarde.

LOS MOMENTOS DEL VINO

Béla Hamvas, en su libro *La filosofía del vino*, escribía de vinos y situaciones. Servir un vino dramático en una agradable comida familiar o un vino lascivo en un banquete oficial evidencia una insensibilidad inmensa, decía el húngaro. Dicho está. Barbazul no resulta apropiado para una primera cita, aun no existiendo intención expresa de abordaje. Para otras ocasiones, úsese sin miramientos.

ENOTURISMO

Puestos a romper normas, los de Barbazul no optaron por una bodega clásica como las jerezanas. Su proyecto se emparenta con la arquitectura tradicional del cortijo, en un diseño que aúna tradición y modernidad. La bodega se asoma al viñedo con una estética de *château* francés, buscando armonía de volúmenes y paisajes, con un mínimo impacto ambiental.

Otros descubrimientos

Parada y fonda en el Cádiz sorpresa de los vinos tintos. En la bodega Luis Pérez se elabora **Garum** (9,95 €), con merlot, syrah y petit verdot: nariz de fruta roja, sotobosque, café… Y en la boca, tanino dulce, seda andaluza.

Huerta de Albalá
Ctra. CA-6105, km 4 • Arcos de la Frontera, Cádiz
www.huertadealbala.com • tel. 647 746 048
Visitas enoturismo: Sí • Venta en línea: Sí

Mano a Mano 2014

¿Cómo se comporta la tempranillo fuera de la Rioja? A esta uva de maduración temprana –de ahí el nombre– le gusta el sol pero no el calor excesivo y necesita un mínimo de agua. En terrenos secos y muy cálidos tiene dos opciones: o se adapta, lo cual requiere generaciones, como ha hecho en Ribera o Toro, o el resultado pueden ser vinos pesados, anuncios de confitura.

Difícil es, pues, elaborar buen tempranillo en La Mancha. En Mano a Mano ayuda el viñedo viejo, de baja producción y bien adaptado a las condiciones extremas, y ayudan los suelos arenosos que no guardan bien el calor. El resultado es un tinto que mantiene acidez, de buen color y aromas, y con la potencia que marca su origen.

6,70 €

V.T. Castilla
Dominio Mano a Mano
100% tempranillo
Barrica: 6 meses
Grados: 14,5%

NOTAS DE CATA

VISTA
Cereza oscuro, ribete violáceo.

NARIZ
Carga aromática, fruta negra madura, balsámicos, especiados, notas lácteas y de cacao.

BOCA
Potente, sabroso, justa frescura, equilibrado, taninos redondos, buena longitud.

LOS MOMENTOS DEL VINO

"El vino resulta maravilloso remedio para gentes melancólicas, coléricos y cardiacos", palabras de Arnau de Vilanova, médico de los Reyes de Aragón allá por el s. XIII. Siempre es interesante sustituir el diván o un Prozac por una buena compañía: amigos, un vino con fuerza y, ya metidos en jaleo, cocido compartido, con sus sacramentos. Mano a mano, la gente que se quiere vence las dificultades.

Otros descubrimientos

Paso a Paso Orgánico (6,50 €) es otro tempranillo de Castilla-La Mancha, primo cercano de Mano a Mano, con una suave crianza en roble también de seis meses, elaborado por Bodegas Volver. Resulta frutal y especiado en nariz, jugoso y potente en boca.

ENOTURISMO

Desde el 2006, Mano a Mano cuenta con una gran finca en Alhambra, que no son tierras de Granada, sino mares de vino en la manchega Ciudad Real. Rodeando a la bodega se encuentran 300 Ha de viñedo viejo con rendimientos muy bajos. Para quien desee hacer enoturismo por la zona, quizá la bodega Pago del Vicario sea una de las mejores recomendaciones.

Dominio Mano a Mano
Ctra. CM-412, km 100 • Alhambra, Ciudad Real
www.bodegasmanoamano.com • tel. 926 694 317
Visitas enoturismo: No • Venta en línea: Sí

Fórum Etiqueta Negra 2012

9,50 €

V.T. Castilla y León

Heredad de Urueña
Tinta del país, tinta de Toro
Barrica: 10 meses
Grados: 14,5%

NOTAS DE CATA

VISTA
Picota, reflejos violáceos, profundo.

NARIZ
Complejidad, fruta negra madura, balsámicos, especias dulces, tostados, terrosidad.

BOCA
Potente, carnoso, frutoso, buena acidez, equilibrado, taninos dulces, persistente.

Varada en la inmensidad de los antaño llamados Campos Góticos, centro del centro de Castilla, sobre paisajes de inmensa horizontalidad se levanta Heredad de Urueña, orgulloso proyecto de la familia Rodríguez León de recuperación del viñedo en Tierra de Campos, señorío del cereal ahora, pero con tradicional raíz de vinos.

En la elaboración de este tinto se aúnan el tempranillo vallisoletano, frutal y concentrado, homenaje a la Ribera, y la tinta de la histórica Toro, vecina próxima de Urueña, con su característica profundidad y fuerza. Fórum resulta un tinto moderno, carnoso, bien estructurado en boca y con protagonismo de fruta. El deseo es el comienzo del logro. ¡Hay que buscarlo!

LOS MOMENTOS DEL VINO

Érase una vez un nuevo comienzo, una nueva ciudad, otro trabajo, una separación... A veces es necesario estrenar capítulo y borrar viejas lecturas. No hay geografías más próximas que las que genera el vino. ¿Hace un Fórum y un buen queso? "El vino mueve la primavera, crece como una planta la alegría. Caen muros, peñascos, se cierran los abismos, nace el canto", proclamaba Neruda. De exilio a éxodo.

ENOTURISMO

Con la recuperación del Pago de las Viñas se pone en valor la tradición perdida de una tierra, su cultura del vino y sus paisajes de viña. Así, al pie de la muralla de Urueña el visitante podrá conocer el corazón de una alquería tradicional. Vendrá luego el deambular por las librerías de la villa del libro, centro también de gran tradición musical.

Otros descubrimientos

En Toledo, en Corral de Almaguer, Bodegas Barreda elabora **Torre de Barreda Amigos** (9 €), expresión castellana de la tempranillo, más el nervio que le suman la syrah y la cabernet y la profundidad que le otorga un año de madera.

Heredad de Urueña
Ctra. Toro-Medina de Ríoseco, km 22,3 • Urueña, Valladolid
www.heredaduruena.com • tel. 983 033 982
Visitas enoturismo: Sí • Venta en línea: No

7 Navas Selección 2012

Durante generaciones, los agricultores del Alberche trabajaron viñas de montaña sin más recompensa que el trago de vino compartido en familia. La edad jubiló a los viejos y convirtió sus garnachas en eriales, hasta que el romanticismo de algunos vecinos les llevó a levantar una bodega que recogiera la producción del valle.

7 Navas Selección procede de pequeños viñedos singulares de más de 50 años, nacidos en suelo granítico que aporta mineralidad y franqueza al vino. Sorprende la añada, y es que las garnachas viejas agradecen el reposo prolongado. El vino envejece 13 meses en barrica de roble, se clarifica como siempre, con huevo, y no se filtra. Vino digno, reflejo de la tierra. Solo eso.

9,60 €

V.T. Castilla y León

Bodega Garnacha Alto Alberche
100% garnacha
Barrica: 13 meses
Grados: 15%

NOTAS DE CATA

VISTA
Picota, capa media alta

NARIZ
Fruta roja en licor, notas florales, madera bien integrada, regaliz, mineralidad (oxigenar).

BOCA
Entrada potente, fresco, expresivo, tanino redondo, toque rústico.

LOS MOMENTOS DEL VINO

Cada calendario del alma es habitado por un genio que impregna el aire de lluvia de flores esenciales. 7 Navas es un bálsamo que invita a otoños íntimos, cuando octubre esparce estaciones, pronóstico de escarcha invernal, aunque luzcan canículas. Convienen retiradas y esa decadencia juanramoniana de hermosura, donde el vino y el diálogo íntimo regalan placeres personales al modo inmerecido de los dioses.

Otros descubrimientos

7 Navas Roble (6,25 €) es la expresión de media crianza de las garnachas frescas de Gredos. Con apenas seis meses de madera, el vino resulta fresco, fácil de beber, muy amigo de comidas cotidianas y encuentros distendidos.

ENOTURISMO

El nombre del vino proviene de los siete pueblos diseminados por el valle que llevan el término "Nava" en su nombre, todos ellos pertenecientes a la recién estrenada D.O.P. Vinos de Cebreros, un logro celebrado en toda la comarca, una forma de reconocer el trabajo de los viejos y abrir caminos de futuro para los jóvenes. Merecen toda la atención.

Garnacha Alto Alberche
Paraje del Pimpollar, parcela 17, polígono 5 • Navaluenga, Ávila
www.altoalberche.es • tel. 616 416 542
Visitas enoturismo: Sí • Venta en línea: No

Venta Mazarrón 2014

9,65 €

V.T. Castilla y León

Bodega Viñas del Cénit
100% tempranillo
Barrica: 8 meses
Grados: 15%

NOTAS DE CATA

VISTA
Cereza intenso.

NARIZ
Aromas frutales, fruta negra madura, especias dulces, regaliz, notas de crianza.

BOCA
Sabroso, equilibrado, bien estructurado, tanino maduro, buena longitud.

El Duero, siempre el Duero y otra vez el Duero, esta vez casi en sus últimas andanzas por nuestro país —a punto de colarse en Portugal—, en la Tierra del Vino, en la Zamora más humilde, la tierra que atesora el viñedo más viejo de nuestro país. Venta Mazarrón es fruto de las viñas más párvulas de esta tierra, cuarentonas ya, sabias en navegar por tormentas de climas extremos.

Es un tempranillo, sí, fresco, con carácter diferenciador y cargado de tipicidad. Brilla la fruta en nariz y se concentra en la boca; nos envuelven los aromas de fresas y zarzamora con la buena compañía de una madera bien integrada. ¡Que a nadie asusten sus 15 grados, son solo abrazos delicados de brazos fuertes!

LOS MOMENTOS DEL VINO

Ojalá se aprendiera de palabras amigas, pero solo se avanza con errores propios. "Nada me han enseñado los años, siempre caigo en los mismos errores"; corazón desgarrado de Chavela Vargas. Algo se aprende, sí. No se trata de ahogar penas en alcohol. Se aprende a beber serenamente con la soledad y hasta a disfrutarla. Venta Mazarrón es un vino profundo que llama a diálogos íntimos y sosegados.

ENOTURISMO

Villanueva de Campeán resulta un punto estratégico para abordar las rutas zamoranas del vino. Además de marcar centro en la Tierra del Vino, muy cerca se encuentra Toro. Tampoco quedan lejos los valles de Benavente o los Arribes. Allí, en Villanueva de Campeán espera al caminante cansado La Posada del Buen Camino, cobijo del alma, refugio del cuerpo.

Otros descubrimientos

Villano (7,80 €) es el hermano pequeño de Venta Mazarrón. Tempranillo que en la Tierra del Vino llaman "Tinta Madrid", resulta fácil de beber y es puerta de entrada para quien desee conocer nuevas expresiones de esta variedad.

Bodegas Viñas del Cénit
Ctra. de Circunvalación, s/n • Villanueva de Campeán, Zamora
www.bodegascenit.com • tel. 980 569 346
Visitas enoturismo: No • Venta en línea: Sí

Capricho Val de Paxariñas 2015

Feliz rareza, verdadero capricho de su autor, este vino está elaborado con godello de más de 25 años, cultivado en espaldera y viejas cepas en vaso de doña blanca, en edad de jubilarse, 65 años. Aquí hay agricultura tradicional y bajos rendimientos por cepa, entre 1 y 2 kg, buscando concentración.

Capricho resulta un vino elegante y de marcada personalidad. Quizá no ofrezca una nariz tan compleja como su primo albariño, pero emociona hablando de paisaje y mineralidad. En boca marca carácter; al abrirlo, el carbónico juguetea alegre en el paladar como *peta zetas* que estallaran en algarabía; después se torna serio y fascina con su volumen y la frescura que invita a seguir bebiéndolo.

10 €

D.O. Bierzo
Bodegas y Viñedos Gancedo
Godello, doña blanca
Barrica: sin madera
Grados: 13,5%

NOTAS DE CATA

VISTA
Amarillo pajizo

NARIZ
Fruta blanca, manzana, melocotón, notas cítricas, apuntes herbáceos, fondo mineral

BOCA
Fresco, carbónico inicial, equilibrado, graso, persistente

LOS MOMENTOS DEL VINO

Es verano. La invitación a la casa de la playa viene con menú de inspiración marinera: navajas a la plancha, gambas de camiseta colorada, tartar de salmón y el lienzo impresionista de una ensalada, despensa multicolor de la huerta y el mar. Siguen las sorpresas. El vino llega de océanos interiores, mares bercianos que atrapan la frescura del Atlántico. Maridaje de amistad, mar y emociones.

Otros descubrimientos

Brezo (9,40 €) es un blanco de godello y doña blanca elaborado por Gregory Pérez, francés berciano. El nombre de su bodega, Mengoba, habla de pasiones: suma de mencía, godello y valenciana o doña blanca con guiño ortográfico.

ENOTURISMO

Tras visitar la bodega y catar los vinos de Gancedo, habrá que conocer El Bierzo. El enoturismo siempre da hambre y esta es tierra de buenos placeres, desde el famoso botillo hasta cecinas y lacones, truchas de río, caldo berciano, pimientos asados, el pulpo llegado de Galicia, postres de castañas, higos en almíbar, quesos... ¡Gloria bendita!

Bodegas y Viñedos Gancedo
Vista Alegre, s/n • Quilós, León
www.bodegasgancedo.com • tel. 987 134 980
Visitas enoturismo: Sí • Venta en línea: Sí

Gorka Izagirre 2016

8 €

D.O. Bizkaiko Txakolina

Bodega Gorka Izagirre
50% hondarrabi zuri,
50% hondarrabi zerratia
Barrica: sin madera
Grados: 12%

NOTAS DE CATA

VISTA
Amarillo pajizo, reflejos verdosos.

NARIZ
Manzana y cítricos sobre fondo herbáceo y floral, notas de flor de tilo.

BOCA
Fresca acidez, carácter frutoso, boca glicérica, final levemente amargo.

Los *txakolis* eran caseríos con bodega que servían de centro de reunión a los aldeanos de la zona. Mientras arreglaban el mundo, los parroquianos saciaban la sed con un vinillo ácido y del mismo nombre. Hoy en día, el txacoli ha superado el *txikiteo* tradicional para entablar diálogo con la gran gastronomía. ¡Qué se lo digan a este Gorka Izagirre vinculado al chef Eneko Atxa, trilaureado Michelin de la cocina vizcaína!

Mojarse de Cantábrico y lluvia, pasear por acantilados, vivir el verde y las brumas... así se siente este txacoli que huele a manzana, a helechos e insinuación de flores. En boca es fresco como la brisa marina, que no agresivo; untuoso, como la mirada de las *neskas* vascas.

LOS MOMENTOS DEL VINO

Días de verano y tertulia. Se habla del país y con el txacoli resuena la voz de Baroja pintando paisanaje: "Los que no saben; los que no quieren saber; los que odian el saber; los que sufren por no saber; los que aparentan que saben; los que triunfan sin saber y los que viven gracias a que los demás no saben. Estos últimos se llaman a sí mismos políticos y, a veces, hasta intelectuales".

ENOTURISMO

La bodega, perteneciente al tío de Eneko Atxa, comparte espacio con Azurmendi, un centro que acoge, además del restaurante gastronómico del cocinero, un bistró de cocina más informal y una zona de eventos. Destaca el carácter sostenible de este edificio de arquitectura contemporánea, ubicado en la zona de Larrabetzu, en el Camino de Santiago de la costa.

Bodega Gorka Izagirre
Barrio Legina, s/n • Larrabetzu, Bizkaia
www.gorkaizagirre.com • tel. 946 742 706
Visitas enoturismo: Sí • Venta en línea: Sí

Otros descubrimientos

Bizkaibarne es una bodega que aúna a diferentes *txakolineros* de tierras adentro de Bizkaia. Tienen algunos vinos fantásticos, como **Egia Enea Mahastia** (10 €), de Las Encartaciones, o **Marko** (10 €), de Kortezubi, cerca de Gernika.

Juan Gil Moscatel Seco 2016

La moscatel procede del norte de África y de aquí navegó por todo el Mediterráneo. En nuestro país esta variedad siempre ha formado parte de la vida cotidiana: uva de mesa y pasas en invierno; con ella se elaboran vinos dulces y hasta vermuts tradicionales. Y ahora llegan los vinos secos de moscatel, fragancias que nunca se olvidan.

Juan Gil guarda los perfumes exuberantes e intensos de la variedad: fruta dulce, cítricos y esos aromas florales de patio cordobés vestido de jazmín y azahar. La sorpresa llega en la boca. El vino entra fresco y rotundamente seco, con recuerdos frutales, muestra volumen y untuosidad, y se cierra con un ligero amargor. Moscatel es pura intuición de primavera.

6 €

D.O. Jumilla

Bodegas Juan G
100% moscate
de grano menud
Barrica: sin mader
Grados: 13%

NOTAS DE CATA

VISTA
Pajizo, destellos verdosos

NARIZ
Intenso, limpio, notas varietales floral, fruta de hueso y tropical notas cítricas

BOCA
Fresco, buena acidez, seco aterciopelado, final amargoso longitud

LOS MOMENTOS DEL VINO

Tarde morosa de domingo, deseo de escapada estética, viejos libros de versos nunca olvidados, reencuentro con Byron y anhelo de Grecia: "Llevadme ante el marmóreo farallón de Sunión, donde nadie salvo yo mismo y las olas pueden oír nuestros murmullos mutuos; allí, como un cisne, dejadme cantar y morir". Pequeñas navegaciones de sofá, perfume de poesía y moscatel. ¡Y qué bien pasa la tarde!

Otros descubrimientos

Quien haya sentido pasión súbita por este tipo de moscateles, debería regalarse el disfrute de **Botani Moscatel Seco** (12 €), con D.O. Sierras de Málaga. La caridad con uno mismo justifica en ocasiones el hachazo al presupuesto.

ENOTURISMO

El enoturista hambriento encontrará en Jumilla mil excusas para reconfortar el alma y el cuerpo con el amplio recetario de la zona: contundente gazpacho jumillano de origen judío; conejo o arroz con caracoles; cabrito frito con ajos; en Cuaresma, trigoentero; y si llueve, gachamigas. Y si aún hay hambre, vengan postres: sequillos, pirusas, cristóbalas...

Bodegas Juan Gil
Ctra. de Fuente Álamo, s/n • Jumilla, Murcia
www.juangil.es • tel. 968 435 022
Visitas enoturismo: Sí • Venta en línea: Sí

Castillo de Monjardín Barrica Selección 2015

8,90 €

D.O. Navarra

Bodegas Castillo de Monjardín
100% chardonnay
Fermentado y criado en madera: 6 meses
Grados: 13,5%

NOTAS DE CATA

VISTA
Amarillo dorado.

NARIZ
Complejo, elegante, notas frutales, notas cítricas, aromas de pastelería, mantequilla.

BOCA
Estructurado, franco, buena acidez, graso, con longitud.

En su expedición al sur, el chardonnay de Borgoña ha debido pagar su tributo al sol, cediendo vivacidad y ganando calidez. El navarro es quizá el chardonnay más francés, un blanco de corte muy fresco, como este Monjardín vendimiado en altura, en la finca Azqueta, a casi 650 m. Al refresco de la altitud se une la diferencia térmica entre el día y la noche que atempera el estío navarro y transfiere frescura al vino. Además, para dar esquinazo al calor, en Monjardín vendimian con nocturnidad y cautela.

En busca del espíritu borgoñón, el blanco fermenta en roble nuevo francés y allí madurará seis meses sobre sus lías. Embotellado, aún debe dormir un año de silencio antes de salir al mercado.

LOS MOMENTOS DEL VINO

Mujeres al borde de la piscina y sin ataques de nervios, mujeres vitales, seguras de sí mismas, en esa edad cierta en que se pospone a cualquier hombre ante un buen vino, salvo que ambos lleguen de la mano. Amigas que juntas han aprendido a no examinar la vida en exceso, a vivir de creencias e improvisar ideas. Copa de chardonnay y negación rotunda a vivir en serie o demasiado en serio.

ENOTURISMO

Aunque la construcción de la bodega data de 1988, su arquitectura enlaza con la tradición navarra de palacios-fortaleza del s. XVIII. Su diseño interior escalonado favorece el ahorro energético y presta delicadeza al tratamiento del vino, siempre por gravedad. En pleno Camino de Santiago, sus instalaciones repondrán el cansancio del peregrino.

Otros descubrimientos

De Navarra vale la pena ir al Somontano, al encuentro de uno de los mejores vinos chardonnay de nuestro país: **Enate Chardonnay 234** (7,5 €), blanco joven de intenso aroma frutal sobre fondo mineral, de boca amplia y untuosa. Es, sin duda, una gran compra.

Bodegas Castillo de Monjardín
Villa Rellanada, s/n • Villamayor de Monjardín, Navarra
www.monjardin.es • tel. 948 537 412
Visitas enoturismo: Sí • Venta en línea: Sí

Mas Candí Desig xarel·lo 2016

¿Por qué hablar de globalización del paisaje cuando se quiere decir banalización? Así puede resumirse la filosofía de los jóvenes elaboradores de Desig. El relato de este vino habla de visión ética del viñedo, de paisaje auténtico, de procesos de elaboración empeñados en la expresión del *terroir*. En Mas Candí se vive la pasión por las variedades del territorio, y el xarel·lo es el rey. La viña se trabaja con filosofía de bosque, no se labra y el abono procede solo del viñedo.

Desig nace de una única viña vieja, asentada en tierras calcáreas que suman mineralidad al vino. Se elabora sin madera, buscando preservar el alma del Penedès y madura siete meses sobre lías ganando estructura.

7,80 €

D.O. Penedès

Mas Candí
100% xarel·lo
Barrica: sin madera
Grados: 13%

NOTAS DE CATA

VISTA
Color amarillo dorado.

NARIZ
Complejo, notas frutales: pera, piña, manzana; hierbas de monte, fondo anisado.

BOCA
Fresco, untuoso, con volumen, notas minerales, punto amargoso de la variedad, largo.

LOS MOMENTOS DEL VINO

En vocabularios de Béla Hamvas, quizá Desig resulte un buen ejemplo de vino de emparrado, aquellos que uno compartiría con un buen amigo a la sombra protectora de una parra en los últimos días del verano, servido en dosis casi homeopáticas, para que el vino no se caliente y la conversación se acalore. Así, bajo la parra inspiradora, hasta los silencios de los amigos se cargan de música.

Otros descubrimientos

Nadal Xarel·lo Vermell (9,80 €) permite descubrir una casta ancestral. Su color piel de cebolla despista, pero el vino luce espíritu de auténtico xarel·lo, parco en frutas, aromas herbáceos e hinojo y refrescante acidez.

ENOTURISMO

La oferta enoturística en el Penedès es amplia: la arqueología de la viña que puede descubrirse en el yacimiento de Font de la Canya, el vino romano y la experiencia de la Vía Augusta; los paisajes vividos en la ruta Miravinya; el Vinseum, museo de las culturas del vino; numerosos festivales como la Fiesta de la filoxera, el Cavatast, etc.

Mas Candí
Ctra. de Les Gunyoles, s/n • Avinyonet del Penedès, Barcelona
www.mascandi.com • tel. 680 765 275
Visitas enoturismo: No • Venta en línea: No

Mas Rodó Montonega 2015

8,50 €

D.O. Penedès

Mas Rodó Vitivinícola
100% montonega
Barrica: sin madera
Grados: 12%

La montonega es una rareza en el Penedès, emparentada con la variedad parellada y llegada, según cuentan, de la Italia renacentista. Aunque mediterránea, le sienta bien el clima fresco y busca paisajes de altura. Por eso en Mas Rodó la cuidan como un viñedo de montaña, asentado sobre colinas de suaves pendientes, a 500 m de altitud y encaradas al sol. Viñas en vaso, las más viejas de la finca Mas Rodó y de muy baja producción.

Este es un blanco fragante de aroma franco e intenso, con notas de fruta blanca. Gustará a los amantes de los vinos vivos y muy frescos, aunque su delicada acidez nunca resulta agresiva ni eléctrica en la boca. Una variedad muy escasa para un vino único.

NOTAS DE CATA

VISTA
Amarillo pálido, matices verdosos.

NARIZ
Franqueza, flores blancas, fruta madura, especiado.

BOCA
Fragante, vivo, delicado, buena acidez, equilibrado.

LOS MOMENTOS DEL VINO

Principios zen: "Vive el momento; presta atención a lo que haces; sé fiel a tu corazón; ámate; aprende a soltar; sé honesto contigo y los demás; valora tus deseos; sé responsable de ti y del mundo; alíate con la corriente de la vida; busca la paz interior". Mientras se lucha, al menos una vez al día, conviene reírse de la propia impericia para el zen: cocina japonesa y montonega.

ENOTURISMO

Mas Rodó se ubica en la zona de Mediona, a lo largo de varios valles y laderas montañosas. Sobre una de esas montañas, y aprovechando una antigua masía en ruinas, se levanta la bodega, joya de la arquitectura actual, que en el exterior se integra con naturalidad a la vieja masía. En el interior, el verde de las viñas se cuela sin paliativos.

Otros descubrimientos

El Nou de +500 (6,70 €) es un montonega de baja graduación (no llega a 10°) y alta pasión. Es el proyecto común de 30 viticultores del Pla de Manlleu, empeñados en sacar adelante su proyecto de viñas de altura en Tarragona.

Mas Rodó Vitivinícola
Ctra. St. Pere Sacarrera a St. Joan de Mediona, km 2 • Sant Joan de Mediona, Barcelona
www.masrodo.com • tel. 932 385 780
Visitas enoturismo: Sí • Venta en línea: No

La Val Albariño 2016

El viaje por las Rías Baixas comienza en el Condado do Tea, comarca sureña de interior, tierras con cierta calidez que impone carácter suavemente atlántico a sus vinos, menos eléctricos que los blancos norteños.

Un buen vino nace en la viña, pero defender una filosofía de viñedo en tierras de minifundio conlleva riesgos, de ahí que la bodega haya optado por trabajar en exclusiva con viñedo propio. La Val es un vino de gran equilibrio. El secreto es su fusión de uvas de distintas viñas: la bodega posee tres grandes fincas con características diferenciales en cuanto a suelos, climatología, etc. La mano del creador del vino busca cada añada el mejor *coupage* entre las fincas para mantener la armonía.

8,75 €

D.O. Rías Baixas

Bodegas La Val
100% albariño
Barrica: sin madera
Grados: 12,5%

NOTAS DE CATA

VISTA
Amarillo pajizo.

NARIZ
Intensidad, frescor, cítricos, balsámicos, heno fresco, notas florales, especiado, fondo mineral.

BOCA
Fresco, sabroso, acidez bien integrada, persistente.

LOS MOMENTOS DEL VINO

Existen distintos ejercicios *after work* para enfrentarse al estrés laboral. No, no sirve cenar tranquilizantes mientras se busca en tugurios digitales cómo conseguir discretamente un revólver. La opción del contendiente de sopa caliente y las zapatillas peludas apunta resignación. La Val, pies encima de la mesa y lo que se tercie para cenar, anuncia carácter y presagia victoria.

Otros descubrimientos

Los blancos más tradicionales del Condado do Tea fusionan albariño con loureiro y treixadura, expresión de la Galicia más cálida. Un gran hallazgo es **Señorío de Rubiós Condado de Tea** (6 €), vino elegante, perfume de manzana.

ENOTURISMO

El nombre, La Val, rinde homenaje a la finca origen de la bodega, nacida en O Rosal, en 1985. Ahora la poesía surge en los viñedos de Arantei, Taboexa y Pexegueiro, en el Condado do Tea. La bodega, un imponente edificio de 6000 m^2, se levanta en Arantei, finca de valle pero bien soleada, una de las que abre la vendimia en las Rías Baixas.

Bodega La Val
Barrio de Muguiña • Salvaterra do Miño, Pontevedra
www.bodegaslaval.com • tel. 986 610 728
Visitas enoturismo: Sí • Venta en línea: No

Lagar de Cervera 2016

9,50 €

D.O. Rías Baixas

Lagar de Cervera
100% albariño
Barrica: sin madera
Grados: 12,5%

NOTAS DE CATA

VISTA
Amarillo pálido, reflejos verdosos.

NARIZ
Buena intensidad, complejo, melocotón, membrillo, manzana, matices florales, fondo cítrico.

BOCA
Amplio, fresco, envolvente, equilibrado, acidez bien integrada, persistente.

La bodega suma dos zonas de viña: 60 Ha en la subzona de O Rosal, al sur, pequeño reducto de clima gallego benévolo; y al norte, en el Salnés, 15 Ha de alma de vino oceánico, en las Rías Baixas, más húmedas. Así, los vinos de Lagar de Cervera se equilibran defendiendo bien los valores tradicionales de frescor, salinidad y carácter mineral, con una acidez bien integrada y unos perfumes que son evocación de frutas blancas y manzana sobre un fondo de cítricos.

Destaca del vino su capacidad de envejecimiento. Los buenos albariños tienen gran recorrido y, como la gente interesante, trascienden lo efímero, evolucionando hasta cinco años. Las cosas buenas llegan para aquellos que saben esperar.

LOS MOMENTOS DEL VINO

Hay días en que todo parece desordenado: la cama, el pelo, el corazón, la vida... En tiempo de marejada conviene poner un gallego en nuestra vida o, en su defecto, un filósofo. La clarividente ambigüedad de sus argumentos distraerá la atención y ayudará a relativizar los problemas, objetivo fundamental de la terapia. Lagar de Cervera se integrará perfectamente en el grupo de autoayuda.

ENOTURISMO

En 1998 la bodega se integró en el grupo Rioja Alta. En el 2013 abrió sus puertas un nuevo espacio cuyo diseño armoniza con la arquitectura tradicional al primar el granito y la madera como elementos de construcción. El respeto al medio ambiente los llevó también a integrar en el espacio de la bodega un arroyo y un bosque vecino. Es una visita obligada.

Otros descubrimientos

Los vinos tradicionales de O Rosal combinan albariño con variedades locales como caíño blanco o loureiro. Resultan blancos amables en los que se pueden descubrir incluso aromas tropicales. Un buen hallazgo es **Altos de Torona Rosal** (9,95 €).

Lagar de Cervera
Estrada de Loureza, 86 • O Rosal, Pontevedra
www.lagardecervera.com • tel. 986 625 875
Visitas enoturismo: Sí • Venta en línea: Sí

Maior de Mendoza sobre lías 2016

En la década de 1970, cuando aún ni existía la D.O. Rías Baixas, Marcos Barros hizo una apuesta decidida por el albariño y plantó la que fue la finca más grande del territorio dedicada a esta variedad. Su espíritu innovador llevó también a la bodega a ser pionera en Rías Baixas en el trabajo de maduración de sus vinos sobre lías, en una búsqueda de expresiones más complejas del albariño y nuevas texturas.

Pequeño dechado de virtudes, este albariño suma a su carácter varietal el toque de mineralidad que le aportan los suelos graníticos. Tiene además un cuerpo untuoso, fruto del trabajo de lías, y una acidez gustosamente asumible, que imprime verticalidad al trago sin caer en vértigos.

9,90 €

D.O. Rías Baixas

Maior de Mendoza
100% albariño
Barrica: sin madera
Grados: 12%

NOTAS DE CATA

VISTA
Amarillo pálido.

NARIZ
Carácter frutal, fruta blanca, frutas de hueso, cítricos, recuerdos florales, notas cremosas.

BOCA
Fresco, untuoso, elegante, con cierto cuerpo, notas de mineralidad, largo.

LOS MOMENTOS DEL VINO

"Vinos para vagos y ociosos soñadores, para la última hora de la última tarde de verano. Cuando el alma regresa a sus cuarteles de invierno, un vaso de albariño es la flor que ennoblece las despedidas." Tiempo para abandonarse a la nostalgia que susurra Cunqueiro, evocación de copas vividas. Extrañar es el precio que se paga por vivir con pasión. Siempre quedará el perfume del albariño...

Otros descubrimientos

El albariño se ha hecho con apuestas como Maior de Mendoza, pero también con el espíritu de productores pequeños. Para los amantes de los blancos más atlánticos, **Finca A Pedreira sobre lías** (9,75 €) es un vino lleno de verdad.

ENOTURISMO

La bodega está situada en la zona de Salnés, la más atlántica de las cinco geografías del albariño. Hay que visitar las tierras de granito donde crece el viñedo de Mendoza y al que borrascas y paisajes de lluvia imprimen carácter. En días de estío, conviene contar con una viña emparrada, tradicionales en Galicia, refugio umbroso para huir de la canícula.

Maior de Mendoza
Rua Xiabre, 58 Trabanca-Sardiñeira • Villagarcía de Arousa, Pontevedra
www.maiordemendoza.com • tel. 986 508 896
Visitas enoturismo: Sí • Venta en línea: No

Viña Real Barrel Fermented 2016

7 €

D.O. Ca. Rioja

Viña Real
100% viura
Fermentado en barrica
Grados: 13%

Aunque poco conocido, siempre se ha elaborado blanco en la Rioja. La base de este vino era la viura, macabeo de la triada catalana del cava. Resultaba austero de aromas y de gran acidez, por lo que precisaba largo pulimento en roble hasta ser domesticado. Con estos antecedentes, durante años, los blancos riojanos durmieron en el olvido. Actualizados pero sin arrinconar su pasado, vuelven a la palestra por su carácter personal y complejidad.

Mirando al presente, Viña Real otorga mayor protagonismo a la fruta. Cuidando su espíritu riojano, amante de la madera, el vino fermenta en roble americano y madura sobre sus lías, ganando esas notas de especias dulces que tan bien definen su tipicidad.

NOTAS DE CATA

VISTA
Amarillo pálido.

NARIZ
Fruta blanca fresca, notas florales, hinojo, notas de crianza: vainilla y coco.

BOCA
Buena acidez, fresco, graso, agradable amargor final.

LOS MOMENTOS DEL VINO

Comer y amar, cantar y digerir, son los cuatro actos de una ópera bufa llamada "vida", que se desvanece como la espuma de una botella de champán... Lo escribió certero Rossini, amante de la ópera y los canelones. Si la vida es humo, en lugar de toser, quizá toque ahumar el salmón, el bacalao, el hígado de rape... ¡Qué bien ligan los ahumados y este Viña Real de alma de fruta y roble!

ENOTURISMO

Bodega de diseño, obra de Philippe Mazières, combina hormigón, madera y acero en una rotunda imagen en la que destaca la forma de una gran tina de cedro rojo que se alza sobre el cerro de La Mesa en Laguardia. El conjunto se completa con dos grandes túneles que, unidos al resto de edificios auxiliares, generan una simbiosis total con el paisaje.

Otros descubrimientos

Después de años de olvido, los blancos riojanos vuelven a enamorar al consumidor. **Izadi Fermentado en Barrica** (8 €) es una buena compra. Y siempre hay ocasiones que merecen un esfuerzo de presupuesto; en estos casos, **Viña Gravonia Crianza** (14 €).

Viña Real
Ctra. Logroño-Laguardia, km 4,8 • Laguardia, Álava
www.cvne.com • tel. 945 625 255
Visitas enoturismo: Sí. • Venta en línea: Sí

Nivarius Tempranillo Blanco 2015

Esta es una bodega riojana muy diferencial, pues solo elabora vinos blancos. Sus viñedos se encuentran en Nalda, cerca de Logroño, en tierras altas y frías, a 800 m de altitud y con orientación norte. El frío acusado permite obtener uvas con buena acidez, frescura y carácter frutal.

Siguen las sorpresas: tempranillo blanco. ¿Desde cuándo el tempranillo es blanco? Pues exactamente desde la década de 1980, cuando se produjo una mutación genética natural de la uva tinta, lo que permitió obtener esta delicada rareza. El vino fermenta en fudres de roble francés y se afina siete meses sobre sus lías, obteniéndose un blanco complejo, sedoso en la boca, con una frescura que evoca paisajes de invierno.

7,40 €

D.O. Rioja

Bodegas Nivarius
100% tempranillo blanco
Fermentado en fudres de roble
Grados: 14%

NOTAS DE CATA

VISTA
Pajizo, reflejos verdosos.

NARIZ
Complejo, intensidad media, frutal, notas florales, balsámicos, hinojo.

BOCA
Graso, acidez y frescura, amargos, posgusto largo.

LOS MOMENTOS DEL VINO

Si los directivos agresivos duermen con *El arte de la guerra*, la biografía de Talleyrand, el más sagaz de los estadistas franceses, ayudará en el arte de las relaciones diplomáticas: "Un buen vino se contempla en la copa, se gozan sus aromas, se paladea ligeramente y, luego, se habla largamente de él". Tempranillo blanco riojano, es una feliz excusa para arrancar conversaciones deseadas.

Otros descubrimientos

Los amantes de viejas variedades deberán buscar **Nivarius Maturana Blanca** (7,40 €), gran blanco de la colección de monovarietales de Nivarius, también fermentado en fudres, blanco sutil y complejo, de seductora mineralidad.

ENOTURISMO

Acertado es el nombre de Nivarius: "nevero, lugar de la montaña donde se acumula nieve todo el año". Así se hacían antes los helados. En Nalda puede visitarse un gran nevero medieval, llamado La Campana. El viajero conocerá los restos del castillo de Nalda, Los Palomares, montaña horadada para la cría de palomas, y más. En breve, la bodega será visitable.

Bodegas Nivarius
Camino Nalda-Viguera, 46 • Nalda, La Rioja
www.nivarius.com • tel. 941 44 72 07
Visitas enoturismo: No • Venta en línea: Sí

Aura Vendimia nocturna 2016

6,90 €

D.O. Rueda

Bodegas Aura
100% verdejo
Barrica: sin madera
Grados: 13,5%

Aura atrapa en su nombre los atardeceres estivales de Rueda, cuando el ocaso envuelve los racimos tras un velo luminoso. Llegada la vendimia, la puesta de sol convoca al trabajo en la bodega, pues Aura se recoge por la noche para evitar las altas temperaturas que precipitan la oxidación del mosto. Así, el vino puede mostrar su carácter más afrutado y fresco, preservando sus aromas de juventud.

Como los buenos verdejos, Aura nace en tierras pobres y cascajosas, viñedos de altura, de 25 años, bien domados por un clima continental severo. Rueda de gran frescura, amplio y elegante, tiene una entrada perfecta para quien busque conocer el origen y la esencia de la verdejo.

NOTAS DE CATA

VISTA
Pajizo, reflejos verdosos.

NARIZ
Aromas varietales, fruta blanca, heno fresco, finas hierbas, notas cítricas.

BOCA
Elegante, fresco, amplio, buena longitud.

LOS MOMENTOS DEL VINO

"Los dioses traman la perdición de los mortales para que los venideros tengan qué contar"; lo escribía Homero, y muchos años más tarde lo ratificó Sánchez Ferlosio: "Mientras no cambien los dioses, nada habrá cambiado". Y no cambian. Ante tal irresponsable conducta divina, el hombre debe estar siempre alerta para actuar. Aura constituye ese hálito presente siempre en nuestra bodega. Por si acaso.

ENOTURISMO

Aura es una bodega con sesgos de arquitectura tradicional. Tras la visita habrá que pasearse por Rueda, "una villa para bebérsela", como dice su eslogan turístico, que reserva descubrimientos como la iglesia de la Asunción, de fábrica barroca. A los románticos les gustará visitar la ermita de la Cuba, levantada con donaciones en vino de la comunidad.

Otros descubrimientos

Loess es una de las últimas bodegas en sumarse a la D.O. Rueda. **Loess Verdejo** (8,50 €) muestra carácter por su expresividad aromática y su tacto untuoso. Resulta además divertido con una pizca de carbónico de fermentación.

Bodegas Aura
Autovía del Noroeste, km 175 • Rueda, Valladolid
www.bodegasaura.com • tel. 983 868 286
Visitas enoturismo: Sí • Venta en línea: Sí

Castelo de Medina Sauvignon Blanc 2016

Los verdejos jóvenes son los vinos característicos de Rueda. Otros vinos, como los elaborados con sauvignon, se encuentran ante el reto de expresar la tipicidad del territorio, tarea nada fácil pero que en este Castelo se empiezan a disfrutar. La nobleza de la variedad se articula aquí en un formato de corte más tropical que en los cítricos sauvignons del Loira. Es el sol que 'mediterraniza' el vino. Sin embargo, hay contención de aromas y la sutileza elegante de la sauvignon.

Ambicioso proyecto de tres madrileños, su mayor riqueza es el viñedo propio que, acercándose a los 25 años, comienza a dar frutos excelentes reflejados en múltiples premios. Habrá que seguir la evolución de esta bodega.

7 €

D.O. Rueda

Bodegas Castelo de Medina
100% sauvignon blanc
Barrica: sin madera
Grados 13,5%

NOTAS DE CATA

VISTA
Amarillo pajizo.

NARIZ
Riqueza aromática, frutas tropicales: piña, flor de la pasión, plátano; notas de flores blancas.

BOCA
Buena acidez, frescura, fino amargor final.

LOS MOMENTOS DEL VINO

"Que de noche le mataron al caballero, la gala de Medina, la flor de Olmedo", así dicen los versos de Lope de Vega, recordando a don Alonso, enamorado de doña Inés, vecina de Medina, como este vino, y muerto por la espada de don Rodrigo. Esto sí que eran tragedias y no volver a la oficina el lunes. Para paliar el drama del domingo noche, Castelo en compañía de un buen queso de cabra.

Otros descubrimientos

Castelo de Medina Vendimia Seleccionada Sauvignon Blanc (10 €) y **Castelo de Medina Vendimia Seleccionada Verdejo** (10 €) ofrecen una versión más compleja de ambas variedades, muy interesante para profundizar en el territorio.

ENOTURISMO

Construida en 1996, la bodega ofrece recuerdos de arquitectura tradicional en los materiales de construcción: piedra, forja, ladrillo caravista, madera, etc., integrándose con el paisaje de forma natural. Su figura se abre al viñedo como si de un *château* francés se tratara. Así resulta sencillo combinar la visita a la bodega y la salida al campo.

Bodegas Castelo de Medina
Ctra. CL-602, km 48 • Villaverde de Medina, Valladolid
www.castelodemedina.com • tel. 983 831 932
Visitas enoturismo: Sí • Venta en línea: Sí

Cuatro Rayas viñedos centenarios 2015

8,50 €

D.O. Rueda

Bodega Cuatro Rayas
100% verdejo
Parcialmente fermentado en barrica
Grados: 13%

NOTAS DE CATA

VISTA
Pajizo brillante, reflejos verdosos.

NARIZ
Franco, flores blancas, fruta madura, melocotón, notas herbáceas, fondo anisado.

BOCA
Sabroso, envolvente, equilibrado, graso, amargos finales, largo.

Viñedos centenarios. ¡Qué diferentes eran los ruedas que estas viñas conocieron hasta los años setenta!, vinos cálidos con recuerdos de jerez. Y es que la vendimia nocturna y el control de la temperatura en todos los procesos desde que la uva entra en bodega alejan la oxidación y permiten mantener la frescura de los ruedas actuales.

Este vino es el homenaje del enólogo de la cooperativa, Ángel Calleja, a los 75 años de Cuatro Rayas. Concentra los primores de la bodega: viñedo centenario en vaso, alguno prefiloxérico; laboreo tradicional de la viña y la vendimia; trabajo de lías en depósito durante cinco meses para ganar untuosidad; y una producción pequeña que justifica su búsqueda.

LOS MOMENTOS DEL VINO

La centenaria Pierrette, hermana de Brillat-Savarin, autor de *Fisiología del gusto*, mientras comía sintió la cita de la muerte y ante la inoportunidad gritó al servicio: "Sirvan el postre ya que me voy a morir". *Carpe diem*, urgencia de celebrar. Cuatro Rayas es el aliado perfecto para convertir cualquier ocasión en un momento de celebración. Solo el tiempo que se disfruta es tiempo vivido.

ENOTURISMO

La bodega, fundada en 1935 y una de las más grandes del territorio, elabora actualmente el 20% del vino de la D.O. y aglutina el trabajo de más de 300 viticultores. Curiosa la historia de su nombre, encrucijada de cuatro tierras, cuna de los mejores verdejos, una "X" punto de encuentro de Rueda, Medina del Campo, Rodilana y La Seca.

Otros descubrimientos

Javier Sanz, viticultor, firma orgulloso con su nombre y su oficio los vinos que elabora, como **Javier Sanz Verdejo** (8 €), viñedo viejo sobre suelos arcillosos tapizados de cantos rodados, vendimia nocturna y crianza sobre lías. ¡Es una gran compra!

Bodega Cuatro Rayas
Ctra. Rodilana, s/n • La Seca, Valladolid
www.cuatrorayas.es • tel. 983 816 320
Visitas enoturismo: Sí • Venta en línea: No

Shaya 2016

Aunque el corazón de Rueda se extiende por Valladolid, también forman parte de la denominación el norte de Ávila y el oeste de Segovia; allí hay que acercarse hasta Aldeanueva del Codonal. ¡Qué buen sitio para la viña! Y es que los codones no son otra cosa que pequeños cantos rodados, la mejor base para obtener la óptima expresión del verdejo.

Peina canas el viñedo de Laya, viña vieja de 70 años, plantada en vaso, en suelos arenosos sembrados de piedra erosionada, herencia de ríos ancestrales. Parte del vino fermenta en barrica y el resto en depósito, para ganar complejidad sin perder la frescura del vino joven. El vino en su totalidad madura sobre sus lías ganando estructura.

8,70 €

D.O. Rueda

Bodegas y viñedos Shaya
100% verdejo
Barrica: parcialmente fermentado en madera
Grados: 13,5%

NOTAS DE CATA

VISTA
Color pajizo brillante.

NARIZ
Buena intensidad, aromas a frutas blancas y exóticas, piña, manzana, heno, mineralidad.

BOCA
Estructurado, elegante, buena acidez, final amargoso, persistente.

LOS MOMENTOS DEL VINO

Las paredes de las oficinas se pintan de prosa; las calles se enlosan de rutina, el tedio reviste las mesas de los bares y tiñe de gris los trajes de los directivos. Necesaria es la búsqueda de microespacios personales: se permite soñar y que llueva poesía. Sí, los latidos delatan corazones vivos. Aquí se puede afirmar "somos instantes". Tenemos un alma y está cargada. El vino celebra la vida.

Otros descubrimientos

Naia (7,80 €) es otro rueda que pinta con palabras muy ciertas el espíritu del buen verdejo: nariz contenida, expresión de heno, de anises sobre un fondo sutil de fruta blanca y una boca expresiva, untuosa y estructurada.

ENOTURISMO

Shaya se elabora en el corazón de la Campiña Segoviana, una de tantas comarcas de la España más humilde y a la que el vino y el enoturismo pueden dar casi el único respiro económico que asegure su subsistencia. Una escapada permitirá al viajero el encuentro con siglos de historia, patrimonio, naturaleza, arquitectura popular o viejos oficios.

Bodegas y viñedos Shaya
Camino de Aldehuela • Aldeanueva del Codonal, Segovia
www.shaya.es • tel. 968 435 022
Visitas enoturismo: No • Venta en línea: Sí

Finca La Colina Verdejo Cien x Cien 2016

9,25 €

D.O. Rueda

Vinos Sanz
100% verdejo
Barrica: sin madera
Grados: 13%

Los vinos de finca suponen la gama más noble de una variedad y un territorio. Están elaborados con uvas que aportan la máxima calidad y concentración, procedentes de viñedos de marcada personalidad. Así ocurre en Finca La Colina, viñedo viejo, poco productivo, que traslada al vino la esencia y mineralidad de las tierras altas, pobres y cascajosas de La Seca, cuna de los ruedas más personales.

Aunque joven y sin paso por roble, este vino se enfrenta con valentía al tiempo y su evolución durante dos o tres años depara siempre buenas sorpresas al amante del rueda, enfatizando su complejidad y la concentración de la viña vieja. Es un verdejo excelente, sincera expresión de la variedad.

NOTAS DE CATA

VISTA
Pajizo con reflejos verdosos.

NARIZ
Fresco, sutil, aromas frutales, manzana, hinojo, balsámicos, notas herbáceas.

BOCA
Estructurado, buena acidez, untuoso, complejo, final amargoso, largo.

LOS MOMENTOS DEL VINO

Lawrence Durrell, autor de *El cuarteto de Alejandría,* inventaba menús ideales con sus enemigos, acordes a su profesión de literato: brocheta de mollejas de editor, crítico agridulce, rival asado con maíz, salsa de agente, sopa de derechos literarios... Ante crisis laborales, ¡humor y verdejo!: cerdo de RR.HH. agridulce, burrito de director, fritada de *controller* con su huevo escalfado.

ENOTURISMO

En 1870, los Donatos, una familia de La Seca, iniciaron su historia de amor con la verdejo y hoy son ya seis las generaciones implicadas en el proyecto. Los enoturistas encontrarán en la web de la Ruta del Vino de Rueda (www.rutadelvinoderueda.com) un buen instrumento para preparar una escapada que ofrece, además de bodegas, numerosas actividades y descubrimientos.

Otros descubrimientos

Los sibaritas de los ruedas auténticos disfrutarán con **Blanco Nieva Pie Franco** (10 €), grandísimo verdejo elaborado con viñedo centenario prefiloxérico; un vino complejo, inolvidable en nariz y en boca, lleno de emociones.

Vinos Sanz
Ctra. Madrid-A Coruña, km 170,5 • Rueda, Valladolid
www.vinossanz.com • tel. 983 868 100
Visitas enoturismo: No • Venta en línea: No

Enate Gewürztraminer 2016

El nombre de la uva ya cuenta historias del vino. *Gewürz* hace referencia en alemán al carácter especiado de la variedad, y *tramin* nos recuerda su origen, una localidad al sur del Tirol, en tierras italianas. Estamos ante una casta centroeuropea, buque insignia junto con los riesling de los vinos de Alsacia y también emblema del carácter diferencial, decisión acertada o no, de una D.O. que apostó hace más de 25 años por variedades foráneas.

Este vino representa fielmente las características varietales de la gewürztraminer, buen ejemplo de adaptación de la variedad al Somontano. Sorprende su carácter aromático, jardín estival de rosas y especias, y una boca fresca, elegante y untuosa.

10 €

D.O. Somontano

Bodegas Enate
100% gewürztraminer
Barrica: sin madera
Grados: 14%

NOTAS DE CATA

VISTA
Color amarillo pálido.

NARIZ
Intensidad aromática, notas florales, pétalos de rosa, recuerdos de pimienta, fruta escarchada.

BOCA
Fresco, untuoso, carga frutal, final sedoso, largo.

LOS MOMENTOS DEL VINO

Con su sensualidad, la gewürztraminer trae evocación de geografías femeninas e incita al camino de exploradores atrevidos. Aliada perfecta de mesas para dos, el viaje comienza con el vino, sigue con el curri que espolea el fuego y concluye con aires de gewürztraminer que trasladan en forma de beso las rosas del vino al cuello de ella, a sus labios, a ese canalillo, senda de deseos...

Otros descubrimientos

En la misma línea que Enate, un buen hallazgo es **Viñas del Vero Gewürztraminer** (10 €). Y para quien busque copas menos aromáticas, la combinación de chardonnay con un toque de *gewürz* de **Matarile Blanco** (5,50 €) resulta perfecta.

ENOTURISMO

Bodega contemporánea y funcional, obra del arquitecto Jesús Manzanares, entre sus elementos más diferenciales destaca su compromiso con el arte que encuentra devota continuación en las etiquetas de sus vinos. Para los enoturistas curiosos no pasará desapercibida su gran sala de barricas, océano de madera y vino que pronostica buenas navegaciones.

Bodegas Enate
Av. de las Artes, 1 • Salas Bajas, Huesca
www.enate.es • tel. 974 302 580
Visitas enoturismo: Sí • Venta en línea: No

Blanc Bàrbara Forés 2016

7,20 €

D.O. Terra Alta

Celler Bàrbara Forés
97% garnacha blanca, 3% viognier
Barrica: sin madera
Grados: 14,5%

La garnacha blanca es una de las variedades más interesantes en el panorama actual del vino. Mediterránea, potente, con cuerpo y personalidad, sus vinos se alejan del patrón clásico del blanquito ligero y afrutado. Bàrbara Forés es un vino para llevar a la mesa. Su grado no le resta frescura y enfatiza su personalidad, dibujo claro del paisaje rústico y algo montaraz de la Terra Alta, donde nace. Se presenta con la caricia de la francesa viognier, otra variedad fuerte que enriquece aromáticamente el vino.

Este es un vino para los amantes de los blancos secos, para quien busque carnosidad en la boca aun en vinos jóvenes. Llegada la hora del disfrute, hay que tomarlo fresco, nunca muy frío.

NOTAS DE CATA

VISTA
Amarillo pálido, reflejos acerados.

NARIZ
Buena intensidad, fruta madura: pera y melocotón; notas de heno e hinojo, matices florales.

BOCA
Equilibrado, buena acidez, graso, carnoso, con longitud.

LOS MOMENTOS DEL VINO

Vino iniciático para tintófilos recalcitrantes, especialmente perfilado para almas obstinadas, fieles monaguillos de la secta "El mejor blanco es un tinto", Blanc Bàrbara Forés acompaña bien el arroz y los pescados, y se atreve con las carnes blancas y sutiles a las que envuelve con determinación pero gran delicadeza, como los abrazos tiernos de los hombres fuertes, siempre inolvidables.

ENOTURISMO

Bàrbara Forés fue la madre del fundador de la bodega, nacida allá por el año 1828. Su nombre simboliza el respeto y la tradición de una familia por su historia, sus orígenes y su tierra. La casa solariega y la bodega urbana se ubican en Gandesa, cita única para conocer las variedades de la Terra Alta, la garnacha blanca pero también el morenillo.

Celler Bàrbara Forés
Santa Anna, 28 • Gandesa, Tarragona
www.cellerbarbarafores.com • tel. 977 420 160
Visitas enoturismo: Sí • Venta en línea: No

Otros descubrimientos

Merian (7,75 €) es otra de las joyas poco conocidas que brinda la Terra Alta. Un blanco serio pero amistoso, de gran elegancia, sin maquillaje, vestido de untuosidad y el cuerpo que le otorga una breve crianza sobre sus lías.

Rebels de Batea 2016

7 Magnífics es un proyecto liderado por el equipo de enología y viticultura de la Bodega Torres. Pretenden reunir una colección de siete vinos magníficos –van por el cuarto– que pongan en valor viñas excepcionales, capaces de expresar el carácter diferencial de un territorio, lo que hace único a un vino. Rebels de Batea, rebeldes del pueblo de Batea, rinde homenaje a las familias de viticultores que con rebeldía y empeño han mantenido el legado de su tierra.

Y en la Terra Alta, nadie habla mejor de terruño que la vieja garnacha blanca, aquí expresándose sin maquillaje, fresca, con aromas delicados y un ligero toque de roble que acompaña la fruta sin marchitarla.

8,15 €

D.O. Terra Alta

7 Magnífics
100% garnacha blanca
Barrica: parcialmente (10%), 6 meses
Grados: 13,5%

NOTAS DE CATA

VISTA
Pajizo, reflejos verdosos.

NARIZ
Fragante, fruta blanca: melocotón y pera, apuntes cítricos, notas florales, algún tostado.

BOCA
Equilibrado, elegante, fresco, buena acidez, volumen.

LOS MOMENTOS DEL VINO

Nadie ha guisado mejores páginas de arroz que la pluma de Josep Pla. El arroz es un plato que generalmente se aborda con disposición favorable. Cuando el buen arroz se acaba, dice el ampurdanés, se manifiesta un sentimiento elegiaco pueril por el doloroso constatar de su terminación. Da igual que sean arroces monográficos o algarabías de ciencias naturales, Rebels bendecirá el encuentro.

Otros descubrimientos

Vía Edetana Blanc (9,95 €) se elabora en la Terra Alta con garnacha y viognier. La mitad del vino madura cuatro meses en roble. El resto se trabaja con sus lías buscando untuosidad. El resultado es de una gran elegancia.

ENOTURISMO

La Terra Alta es cuna de grandes catedrales del vino, bodegas modernistas que hablan de arte e historia desde la tradición cooperativista. Las de Pinell de Brai o Gandesa, obras de César Martinell, resultan visita obligada. Conviene iniciar la ruta en el Espai del Vi i de l'Oli, que se ubica en Gandesa y sirve de centro de interpretación del territorio.

7 Magnífics (Grupo Torres)
Miguel Torres, 6 • Vilafranca del Penedès, Barcelona
www.7magnifics.com • tel. 938 177 400
Visitas enoturismo: Sí • Venta en línea: Sí

Montenovo 2016

8,20 €

D.O. Valdeorras

Bodegas Valdesil
100% godello
Barrica: sin madera
Grados: 13%

NOTAS DE CATA

VISTA
Pajizo brillante, reflejos verdosos.

NARIZ
Expresión frutal, fruta blanca madura, notas florales, matices herbáceos, mineralidad.

BOCA
Equilibrado, muy fresco, cierto volumen, final amargoso.

En 1882 llegó la filoxera a Valdeorras, devastando un viñedo nacido en época romana. Se arrancaron las castas autóctonas y se replantó la jerezana palomino para el vino blanco. Hasta 1976 no volvió la godello a renacer. Pero siempre hay soñadores díscolos y así fue como, en 1885, José Ramón Gayoso, pariente de los actuales propietarios, plantó de nuevo godello. Este viñedo es único, arqueología viva, y de él se sacan cada año las púas para injertar las nuevas cepas de Valdesil.

Montenovo se elabora con el viñedo más joven de la casa, propio y de viticultores locales. Es expresión de juventud de la godello, con perfil mineral y muy fresco, puerta de entrada a los blancos de Valdeorras.

LOS MOMENTOS DEL VINO

De una película de Tarantino se sale manchado de sangre. No se va a un concierto de Metallica y se pide que bajen la música. Y ¿por qué cada vez que uno acepta la dieta como sistema precario de vida alguien sabotea intenciones atestando la nevera de calorías retadoras? El 'dietista' doliente precisa apoyo moral: Montenovo y una pizquilla de marisco (no engordan nada).

ENOTURISMO

En la visita a Valdesil, el amante de la godello no podrá perderse la salida al viejo viñedo de Pedrouzos, el que plantó el Sr. Gayoso tras el paso de la filoxera por Valdeorras. De allí se obtienen 500 botellas de ambrosía, únicamente en tamaño Magnum, 135 € de gloria bendita. Solo hay que abrir un poco las alas para tocar el cielo con los dedos.

Otros descubrimientos

La expresión frutal de carácter mineral marca la tipicidad del vino godello de Valdeorras, con una frescura menos eléctrica que el albariño y buena estructura. Otra gran entrada a este territorio es **Joaquín Rebolledo Godello** (8,20 €).

Bodegas Valdesil
Ctra. OU-807 a San Vicente, km 3 • Vilamartín de Valdeorras, Ourense
www.valdesil.com • tel. 988 337 900
Visitas enoturismo: Sí • Venta en línea: No

Pedrazais Godello sobre lías 2015

Godellos, haberlos, haylos en casi toda Galicia, pero es en Valdeorras donde la variedad expresa mejor su complejidad al aunar carácter atlántico y meseteño.

Alan es el viñedo familiar de los hermanos Sánchez y Pedrazais, su vino de finca: laderas encaradas al sol y suelos de pizarra y piedra que transmiten carácter mineral y permiten, con su efecto termorregulador, maduraciones suaves y vinos sutiles y aromáticos. Destaca de este blanco su capacidad de envejecimiento, fruto de su crianza sobre lías que lo torna sedoso en boca y le da finura y fortaleza. Su origen, viñedo de altura a 450 m de altitud, también asegura la acidez que da longevidad al vino. El placer requiere eternidad.

10 €

D.O. Valdeorras
Adega Alan de Val
100% godello
Barrica: sin madera
Grados: 14%

NOTAS DE CATA

VISTA
Amarillo brillante, matices verdosos.

NARIZ
Complejo, manzana confitada, notas florales, recuerdos de pastelería, heno, frutos secos.

BOCA
Volumen, carácter graso, sedoso, muy fresco, complejo y largo.

LOS MOMENTOS DEL VINO

Es decir vino gallego y el alma brinca a Cunqueiro. El vino hace siempre un gran esfuerzo para hacerse amigo del hombre, decía el de Mondoñedo, por habitarle los sueños, por despertarle la memoria. Se bebe para recordar, que no para olvidar. Se diría que el vino gallego impone una cadencia que invita a la charla sosegada, a la filosofía, a hablar de las camelias... Siempre vino y amistad.

Otros descubrimientos

¡Qué grandes vinos se están elaborando en este momento en Valdeorras! Quien quiera seguir profundizando en godellos frescos, grasos y con volumen disfrutará con **Neno de Viña Somoza** (10 €), con cinco meses de crianza sobre lías.

ENOTURISMO

En Alan de Val se puede combinar la visita a la bodega con distintas actividades: realizar un curso rápido de viticultura, conocer la *cova*, bodega tradicional subterránea donde antaño se elaboraba el vino, vivir un taller de cata o vagabundear por los viñedos buscando la armonía, *alan* en lengua celta, como el nombre de la bodega.

Adega Alan de Val
San Roque, 36 • A Rua de Valdeorras, Ourense
www.alandeval.com • tel. 988 310 431
Visitas enoturismo: Sí • Venta en línea: Sí

Cullerot 2016

8 €

D.O. Valencia

Celler del Roure
20% pedro ximénez, 20% macabeo, 10% malvasía, 10% tortosina, 10% verdil, 10% merseguera, 10% chardonnay, 10% otras
Tinajas de barro: 6 meses
Grados: 13,5%

NOTAS DE CATA

VISTA
Amarillo pálido, reflejos dorados.

NARIZ
Nariz fresca y expresiva, notas florales, fruta blanca madura, notas cítricas, terrosidad.

BOCA
Buena acidez, untuoso, potente, final largo algo amargoso.

Pablo Calatayud tenía dos sueños. Soñaba con recuperar la mandó, tinta tradicional de Moixent, e imaginaba madurar sus vinos de la forma en que siempre lo habían hecho sus mayores, en tinajas de barro. En tierra de tintos logró cumplir su sueño con un blanco, crisol de castas ancestrales y viñedos viejos dispersos por la comarca. Despertó una partida de viejas tinajas que dormían silencios de más de 300 años y allí guardó su tesoro. El barro preserva el alma del vino y mantiene su conexión ancestral con la tierra.

Cullerot es un blanco único. Recupera sabores perdidos, trae aromas de fruta fresca, de heno, de tierra húmeda, tiene una boca fácil y un final adulto, levemente amargo.

LOS MOMENTOS DEL VINO

Quien cocina para los demás debería contar en su cocina con el soporte de un vino absolutamente personal y totalmente reservado. Estos vinos maridan bien con gambas a la plancha, unas buenas conservas del mar... Como Cullerot, los vinos de apoyo moral al cocinero sustentan alma y cuerpo. Eso sí, no se improvisan. "Excava el pozo antes de que tengas sed", dicen los chinos.

ENOTURISMO

Previa cita puede visitarse la bodega. En Moixent habrá que buscar el sosiego de sus paisajes apacibles de viña y olivo, y subir hasta el poblado ibérico de la Bastida de Les Alcusses. El enoturista encontrará en el municipio de Font de la Figuera, el Museo Histórico y Enológico. Una recreación de una bodega tradicional subterránea y una destilería del s. XIX aguardan la visita.

Otros descubrimientos

El lector curioso por conocer nuevos blancos elaborados con tinajas debería acercarse a la bodega de Rafa Bernabé, con sus vinos de Alicante, orgánicos y siempre personales, como **Tinajas de la Mata** (12,60 €) y **Benimaquia Tinajas** (12,75 €).

Celler del Roure
Ctra. de les Alcusses, km 11,1 • Moixent, Valencia
www.cellerdelroure.es • tel. 962 295 020
Visitas enoturismo: Sí • Venta en línea: No

Navaherreros Blanco de Bernabeleva 2015

Bernabeleva cuenta historias de una finca agrícola, de laboreo tradicional con animales y prácticas biodinámicas; 35 Ha de viñedo viejo y suelos pobres y graníticos que favorecen la franqueza de la viña y su expresión fresca y mineral.

Navaherreros es un vino ensamblaje de distintas viñas de la finca, interpretación personal del tradicional blanco de San Martín de Valdeiglesias. Nace de una cepa humilde, viejo albillo octogenario, en compañía de macabeo casi cuarentón. Cada variedad sigue su ritmo y se fermenta y madura por separado buscando su mejor expresión: la albillo en barricas, su compañera en fudres. Final feliz y, como dice el proverbio, "Viniste a la vida a disfrutar, no te distraigas".

9,50 €

D.O. Vinos de Madrid

Bernabeleva
Albillo y macabeo
Fermentado y criado en madera: 9/10 meses (en función de la variedad)
Grados: 13%

NOTAS DE CATA

VISTA
Amarillo pajizo.

NARIZ
Fruta blanca madura, hierbas secas, notas florales, fondo mineral.

BOCA
Complejo, cremoso, buenos amargos, final persistente.

LOS MOMENTOS DEL VINO

¿Por qué gastar tanto dinero en ropa, en zapatos o peluquería cuando el otro ansía nuestra desnudez, besar nuestros pies, despeinarnos...? Navaherreros tiene el sabor untuoso de los besos, esos que originan remolinos en el alma y alborotan las ideas, los que asaltan miradas y visten de humedad la piel. Vino preludio de juegos íntimos. Tras la cena romántica, es tiempo de horizontalidad.

Otros descubrimientos

La albillo imprime sello a los mejores blancos de Madrid. Una gran inversión para el alma del homenajeado será **Picarana** (13 €), monovarietal de albillo, fermentado en madera y envejecido siete meses en barricas. ¡Sobresaliente!

ENOTURISMO

Para entender la filosofía de Bernabeleva, nada mejor que realizar un recorrido por la finca y descubrir sus parajes. En una de esas viñas, a los pies del cerro de Guisando se levanta la bodega. Bernabeleva en lengua prerromana significa "donde vive el oso", montura sobre la que se impone la diosa de la caza, como bien dibuja la etiqueta del vino.

Bodegas Bernabeleva
Ctra. Ávila-Toledo, km 81,6 • San Martín de Valdeiglesias, Madrid
www.bernabeleva.com • tel. 915 091 909
Visitas enoturismo: Sí • Venta en línea: Sí

8 Vírgenes Serranas 2015

8,95 €

D.O.P. Sierra de Salamanca

Compañía de vinos La Zorra
Palomino fino, rufete blanco, moscatel de grano menudo
Barrica: 5 meses
Grados: 12%

NOTAS DE CATA

VISTA
Pajizo, reflejos dorados.

NARIZ
Fruta blanca, cereales, heno seco, anisados, tostados, notas de vainilla, mineralidad.

BOCA
Untuoso, vivo, con frescura, equilibrado, persistente.

"Ocho Vírgenes tiene Sierra de Francia, que es de todas las sierras la más mariana", así dice un cantar serrano, y a esas Vírgenes va dedicado un vino alegre no exento de profundidad que proclama desde su nombre compromiso con la tierra y la tradición ancestral del vino en esta serranía.

El salmantino pone en valor el palomino fino jerezano y sobre todo el rufete blanco, beldad serrana desconocida, aquí en unión con moscatel. En esta tierra, el viñedo se laborea como siempre: viña vieja en vaso, trabajada a mano, majuelos y pequeñas parcelas separadas por matas boscosas que comparten terrazas con frutales y olivos. En la viña no hay wifi, pero siempre se encuentra muy buena conexión.

LOS MOMENTOS DEL VINO

Buen vino para compartir con salmantinos sin noticias de su tierra o con cazadores de tendencias, esos que siempre brillan con sus hallazgos de vinos frikis, variedades perdidas y botellas únicas de tiradas mínimas. Para regalar a esas tribus o proclamarse esnob asilvestrado, nada mejor que estas 8 Vírgenes Serranas, eso sí, muy frescas. ¿Y La Zorra? Recuerdos de fabulas de Samaniego.

ENOTURISMO

Agustín Maillo y Olga Martín dirigen la bodega y un restaurante en Mogarraz, en Las Batuecas, territorio que es Reserva de la Biosfera. Si el abuelo Quico despertó el gusto del vino a Agustín, el restaurante hereda la cocina de su abuela. El contacto directo con la clientela enseña a escuchar al bodeguero, así los vinos se cargan de relato y resultan de fácil disfrute.

Otros descubrimientos

Monovarietales de rufete blanco hay pocos y exceden nuestro presupuesto. Premio para momentos únicos: **Viñas del Cámbrico Rufete Blanco** (19,90 €). Los hallazgos son más fáciles con rufete tinto: **Calixto** (4 €), de Bodegas Rochal.

Compañía de vinos La Zorra
San Pedro, s/n • Mogarraz, Salamanca
www.vinoslazorra.es • tel. 923 418 042
Visitas enoturismo: Sí • Venta en línea: No

Miriade Viognier 2016

A punto estuvo la viognier de convertirse en una casta perdida. Corría la década de 1960 y solo podía encontrarse en unas pocas hectáreas del terruño de Condrieu, en la Francia del Ródano. Afortunadamente, las cosas han cambiado, aunque sigue siendo una variedad poco conocida. ¿A qué sabe la viognier? Dice Jancis Robinson, una famosa crítica de vinos británica, que recuerda a una mezcla de gewürztraminer y albariño. ¡Bien, podría ser!

En Miriade sorprende el equilibrio entre grado y frescura que hace que el alcohol no sea agresivo; sorprende la armonía entre una nariz intensamente delicada y el peso y volumen que el vino defiende en boca. Es un blanco joven pero elaborado con gran seriedad.

9,75 €

V. T. Castilla
Bodegas Vallegarcía
100% viognier
Barrica: sin madera
Grados: 15%

NOTAS DE CATA

VISTA
Pajizo, reflejos verdosos.

NARIZ
Intensidad aromática, fruta blanca madura, fruta exótica, notas florales, mineralidad.

BOCA
Fresco, untuoso, frutoso, buena longitud, persistente.

LOS MOMENTOS DEL VINO

Hay tiempos de calendario y calendarios subjetivos de relojes blandos. Tiempo del sofrito, lapsos lentos de ajo y cebolla atrapados hasta navegar mares íntimos. Armonías privadas de vino y pensamientos mientras el condimento avanza, progresa y concluye. El sofrito se transita con Miriade y la cena se remata con el mismo vino y una firme voluntad de excepción y fiesta, aunque sea lunes.

Otros descubrimientos

Quien haya sucumbido ante la viognier debería romper la hucha para hacerse con el hermano mayor de Miriade, **Vallegarcía Viognier** (16,95 €), delicado y con la complejidad de la madera, uno de los mejores viognier de España.

ENOTURISMO

Pago de Vallegarcía es la finca agrícola de Alfonso Cortina. Recoge en los Montes de Toledo, en el área del Parque de Cabañeros, una gran colección de variedades francesas, fruto del amor de su propietario por estos vinos. En total, 31 Ha de viñedo a 850 m de altitud, en un área de clima severo. Y un espacio de rotunda arquitectura acoge la bodega.

Bodegas Vallegarcía
Finca Vallegarcía, s/n • Retuerta del Bullaque, Ciudad Real
www.vallegarcia.com • tel. 925 421 407
Visitas enoturismo: No • Venta en línea: No

Cantayano 2015

9,50 €

V.T. Castilla y León

Isaac Cantalapiedra Viticultor
100% verdejo
Barrica: 10% fermentado en madera
Grados: 14%

NOTAS DE CATA

VISTA
Amarillo brillante, ribete pajizo.

NARIZ
Complejo, fruta blanca madura, manzana asada, heno, hinojo, monte bajo, notas lácticas.

BOCA
Con volumen, untuoso, glicérico, largo, mineral, amargor final.

Verdejo de nariz castellana, austero, pinta paisajes de monte bajo, hinojos y heno con alguna fruta que muestra timidez. En la boca, en cambio, la conversación se torna fluida y el Cantayano habla, canta y celebra su tipicidad mostrándose potente con delicadeza, glicérico sin perder frescura y rematando con longitud, dejando en la boca rastros amablemente amargos.

Aquí hay un vino firmado por su viticultor, una bodega joven y familiar que recoge en Cantayano la tradición de sus ancestros; viñedo de 30 años, de altura, sobre tierras pobres y pedregosas, amadas por el verdejo. Para ganar estructura, el 10% de la uva fermenta en madera. Todo el vino madura seis meses sobre lías, ganando untuosidad.

LOS MOMENTOS DEL VINO

Hay blancos de refresco y los hay de compromiso. Cuando la reunión pide complicidad no sirve una tarantela; se precisa algo más wagneriano. El músico Satie escribía sobre un blanco que tomaba en casa de Debussy: "Sus efectos eran conmovedores y predisponían aún más al regocijo de la amistad y del sabernos lejos de los Ultrabovinos, las Viejas Momias y otros Trombones". Cantayano y amén.

ENOTURISMO

Apenas a 4 km de Rueda, La Seca es el municipio de la comarca que cuenta con más espacio de viñedo. Pueblo vinculado al vino, vivió su máximo esplendor en el s. XVIII y fruto de aquellos años es su más rico patrimonio, la iglesia de San Francisco y su Plaza Mayor de soportales herrerianos, así como las numerosas casas nobles que jalonan su ruta.

Otros descubrimientos

Hoy en día se pueden encontrar en el mercado, juntos y revueltos, los peores ruedas de la historia y los mejores. Entre los grandes de una bodega modesta está **Martinsancho** (6 €), auténtico rueda, gran hallazgo y de buen precio.

Isaac Cantalapiedra Viticultor
Ctra. VP-9901, km 4 • La Seca, Valladolid
www.isaaccantalapiedra.com • tel. 665 235 709
Visitas enoturismo: Sí • Venta en línea: No

Salvueros 2016

Cigales es tierra de claretes ancestrales elaborados con variedades tintas y blancas que crecen juntas. La viña tradicional cigaleña, como la de Salvueros, lo mismo acoge verdejo o albillo que tinto fino, ¡y qué tinto!, alma de Toro y Ribera. La gran riqueza de Salvueros es su viñedo viejo plantado en vaso; el 80% de su viña luce más de 75 años. Son plantas sufridoras de un clima de severa continentalidad; menos mal que los cascajos que cubren el suelo guardan la frescura de la noche en los cálidos días de verano.

Salvueros representa bien el perfil tradicional del rosado de Cigales: fruta madura en la nariz con toques cítricos y una boca amable, de acidez moderada y buen equilibrio.

4,50 €

D.O. Cigales

Bodegas Salvueros
80% tempranillo,
20% verdejo y albillo
Barrica: sin madera
Grados: 13%

NOTAS DE CATA

VISTA
Frambuesa, reflejos violáceos.

NARIZ
Aromático, fruta roja carnosa, notas de cítricos dulces.

BOCA
Estructurado, con cierta calidez pero fresco, frutoso, expresivo, largo.

LOS MOMENTOS DEL VINO

Las barbacoas estivales parecen tan predecibles como el propio verano. La tribu las impone bajo pena de paulina excomunión. Por mucha herejía que uno profese, ahí está, acalorado por el fuego, deslustrado de tanto tizne. Menos mal que Salvueros acude en su ayuda, en el momento de cocinar prestando apoyo moral con su trago fresco, y en la mesa acompañando la comida con su aire de tinto.

Otros descubrimientos

Regalo para buscadores de producciones limitadas, **Salvueros Garnacha Gris** (7,90 €) está elaborado con un viñedo único de más de 75 años, plantado en Pago de los Mimbreros de Mucientes. Es un vino emocional, fino y delicado.

ENOTURISMO

Salvueros es una bodega familiar. El abuelo inició el negocio en la década de 1930. El testigo lo recogió Marcos Gómez y ahora son sus hijos quienes dirigen la casa manteniendo la tradición. A ellos les ha tocado la renovación: inauguraron instalaciones, han rescatado viejos majuelos y siguen cuidando la vieja bodega subterránea, cuna de su pasado.

Bodegas Salvueros
Ctra. Mucientes-Cigales, km 12,8 • Mucientes, Valladolid
www.salvueros.com • tel. 625 115 619
Visitas enoturismo: Sí • Venta en línea: No

Inurrieta Mediodía 2016

4,20 €

D.O. Navarra

Bodegas Inurrieta
Garnacha y otras
Barrica: sin madera
Grados: 14%

NOTAS DE CATA

VISTA
Frambuesa, tonos violáceos.

NARIZ
Intensidad media, fruta roja, fresa ácida, aromas florales.

BOCA
Fresco, buena acidez, untuoso, paso ágil, equilibrado.

Todos los rosados navarros se elaboran por el método de sangrado. Inician el proceso como tintos y tras unas horas de maceración de partes sólidas y líquidas, el mosto, cargado de azúcar y ya coloreado, quedará en la parte baja del depósito, mientras los hollejos más ligeros tenderán a flotar. Llega entonces el momento de abrir el depósito por la parte inferior y sangrarlo. A partir de ahí el vino se vinifica como si de un blanco se tratara.

Este vino aporta una interpretación moderna de la garnacha: fruta roja y aromas florales, presentimiento de violeta y rosas; boca suave y untuosa, fruto de su crianza sobre lías cuatro meses. Destaca por su frescura y seduce por su viveza, insinuación de mediodías.

LOS MOMENTOS DEL VINO

Aliado perfecto para dignificar dietas telefónicas, solo un Inurrieta bien fresco puede salvar una cena de *telechino*, insuflar glamur a un pedido de *speedipizza*, contagiar pasión a un *rapidkebak* o infundir ánimos ante la *fastpaella* del domingo. Va siendo hora de comer bien. Quizá haya que hacer un pedido a *telemamá*; eso sí, en este caso habrá que compartir el rosado con la mensajera.

ENOTURISMO

Bodega fundada en el 2002, resume el largo camino de una familia en el mundo del vino en las tierras de Inurrieta. Se ubica en plena Ruta Real, enclave histórico salpicado de castillos, torres y palacios de la dinastía de Évreux. La iglesia de la Natividad de Falces ofrece uno de los ejemplos neoclásicos más bellos de Navarra y cerca aguardan Olite y Tafalla.

Otros descubrimientos

Gran Feudo Rosado (3,75 €) resulta una apuesta segura a precio imbatible, garnacha muy frutal y versátil para los amantes de los rosados más intensos. Y si se buscan más garnachas navarras en la línea tradicional, nada mejor que **Artazuri Rosado** (7,20 €).

Bodega Inurrieta
Ctra. Falces-Miranda de Arga, km 30 • Falces, Navarra
www.bodegainurrieta.com • tel. 948 737 309
Visitas enoturismo: Sí • Venta en línea: Sí

Príncipe de Viana Edición Rosa 2016

Desde la botella y el diseño de la etiqueta, este vino habla con palabras diferentes. Príncipe de Viana es una bodega con gran tradición de rosados. Con su Edición Rosa ha buscado actualizar el producto, reinterpretando un vino clásico en clave de elegancia. Para ello se han centrado en un único viñedo de garnacha, San Nicolás, orientado en exclusiva a la producción de rosados por su carácter equilibrado y su potencia aromática. La innovación ha llegado a todo el proceso, desde la vendimia nocturna a la vinificación.

Este es un rosado de sangrado, de color leve, de perfil aromático frutal, donde destaca la fresa ácida, con notas florales, y un carácter en boca sutil, redondo y equilibrado.

6,50 €

D.O. Navarra

Príncipe de Viana
100% garnacha
Barrica: sin madera
Grados: 13%

NOTAS DE CATA

VISTA
Rosa satén.

NARIZ
Aroma frutal, frutillos rojos, notas de flores blancas y azules.

BOCA
Buena acidez, fresco, suave, elegante, tacto envolvente, sabroso.

LOS MOMENTOS DEL VINO

14 de febrero, San Valentín, gestos que pintan afectos: "Cuando sonríe se le forman unas comillas en cada extremo de la boca. Esa, su boca, es mi cita favorita". Sant Jordi, rosas de pasión: "Qué buen insomnio si me desvelo sobre tu cuerpo". Días para enamorados en soledad: "Se oyen pasos de alguien que no llega nunca". Siempre habrá un vino y un libro de Benedetti para ese día.

Otros descubrimientos

Los amigos de las garnachas rosadas encontrarán también buenas compras en otros territorios. Merece la pena conocer el fruto de la amistad entre la garnacha y la tramontana del Empordà; **Ullones** (7,50 €) es un muy buen descubrimiento.

ENOTURISMO

Desde sus inicios, hace más de 30 años, Príncipe de Viana ha sido siempre una bodega de profundo carácter navarro. Su nombre rinde homenaje al heredero de la corona de Navarra. Bodega de gran producción, está abierta al enoturismo e incluso cuenta con un restaurante dentro de sus instalaciones. Habrá que completar la visita paseando por Murchante.

Príncipe de Viana
Mayor, 191 • Murchante, Navarra
www.principedeviana.com • tel. 948 838 640
Visitas enoturismo: Sí • Venta en línea: Sí

Sonrojo 2016

7,70 €

D.O. Navarra

Pura Garnacha
100% garnacha
Barrica: sin madera
Grados: 13%

Vino artesano de pequeños productores, este es un *rosadico* muy majo para amantes de la fruta golosa, pura expresión de garnacha. Nace del sangrado de su hermano mayor y así Cientruenos, el tinto serio de la familia, gana concentración. Viñedo viejo y pedregoso de más de 60 años situado en Los Portillos, acostumbrado a bregar con los fríos vientos del norte. Se cultiva de forma tradicional y sin mecanizar; allí las garnachas crecen felices.

El Sonrojo de La Calandria, el único pájaro que anida en el viñedo, es un vino divertido que huele a golosinas, recuerdo de ositos de infancia, con la frescura sincera de la garnacha y los sabores estivales de las frutas rojas. Es pura vida, eso sí, expresada con naturalidad.

NOTAS DE CATA

VISTA
Frambuesa brillante.

NARIZ
Intensidad, fruta roja golosa, fresas, lácticos, hierbas silvestres.

BOCA
Fresco, con buena acidez, refrescante, amable, final amargo.

LOS MOMENTOS DEL VINO

Vino amistoso, barra libre de logros cotidianos; aperitivo reconfortante tras luchar con la selva devoradora del jardín familiar; premio de media tarde en reconocimiento al esfuerzo de días de bricolaje; apoyo moral de sufridos declarantes de la renta... No se trata de huir de la tormenta, sino de aprender a bailar bajo la lluvia, con una copa de Sonrojo en la mano y buena compañía.

ENOTURISMO

El viñedo de Sonrojo es cirbonero, que así se llaman los naturales de Cintruénigo. Aquí se come bien, ¡menudas alcachofas y qué espárragos!, pero aún se bebe mejor. Algunas de las grandes bodegas navarras tienen aquí su sede, ¡vino no faltará! Es imprescindible pasar por cualquier taberna del pueblo para tomar un vaso de vino con los parroquianos.

Otros descubrimientos

Si Sonrojo nace del sangrado de **Cientruenos** (11,60 €), cualquier excusa valdrá para regalarse una copa del 'donante de sangre', una garnacha muy viva, un tinto lleno de fuerza, fragante, alejado de patrones de fruta dulzona.

Pura Garnacha
Calle Mayor, 189 • Murchante, Navarra
www.puragarnacha.com • tel. 610 438 879
Visitas enoturismo: No • Venta en línea: Sí

Pardas Sumoll Rosat 2016

Tras un período de miradas foráneas, el Penedès recupera su autenticidad. Primero fueron los blancos de xarel·lo, ahora es tiempo de redescubrir la sumoll, variedad proscrita por áspera y dicen que vulgar, difícil además de cultivar. En Pardas han sabido extraer todo su potencial a través de una viticultura sobria y de bajo rendimiento, y de una enología poco intervencionista que busca la expresión desnuda de la variedad.

Rosado de dos viñas de la finca Can Comas, de gran personalidad, aromático, fusión de fruta mediterránea y frescor atlántico, ofrece un trasfondo de hinojo típico de la sumoll. En boca, la opulencia del vino se equilibra con su acidez y un final seco, fresco y largo.

9,50 €

D.O. Penedès

Celler Pardas
100% sumoll
Barrica: sin madera
Grados: 13,5%

NOTAS DE CATA

VISTA
Frambuesa brillante.

NARIZ
Fruta roja, frutillos silvestres, balsámicos: hinojo y menta, tierra mojada.

BOCA
Seco, con estructura, buena acidez, untuoso, final amargoso, largo.

LOS MOMENTOS DEL VINO

"Mezclemos con el vino diligentes, la rosa dedicada a los amores", lo escribía Quevedo en abandono poético ante las pasiones. Una copa de vino cada noche, compartida en cena íntima, aprovechando el destierro infantil, minutos para charlar en soledad y golpear la rutina diaria... El viaje empieza de rosa con Pardas y una ensalada, sigue con un recorrido de quesos de cabra y concluye, evidentemente, en beso.

Otros descubrimientos

No es fácil encontrar en el Penedès rosados monovarietales de sumoll. Los amantes del merlot rosado lo tienen mucho más fácil. Un merlot imprescindible es **Mas Comtal Rosat de Llàgrima** (8,50 €), un vino grande, divertido y elegante.

ENOTURISMO

Ese pequeño jabalí, emblema de la casa, habla ya de un modo de entender la relación entre bodega y naturaleza basada en el respeto y se diría que en la amistad de quienes comparten territorio. El visitante conocerá la bodega y paseará por el viñedo e incluso podrá alojarse en la casa de agroturismo donde antaño vivían los guardeses de la finca.

Celler Pardas
Finca Can Comas • Torrelavit, Barcelona
www.cellerpardas.com • tel. 938 995 005
Visitas enoturismo: Sí • Venta en línea: No

Pradorey Rosado Fermentado en Barrica 2016

8 €

D.O. Ribera del Duero

Bodegas Pradorey
50% tempranillo,
50% merlot
Barrica: 3 meses
Grados: 14%

NOTAS DE CATA

VISTA
Frambuesa intenso.

NARIZ
Intensidad, frutillos rojos, flores secas, fondo tostado, vainilla.

BOCA
Buena acidez, estructurado, cremoso, persistente.

No es fácil elaborar rosados de calidad que jueguen a ganar con el uso de la madera. De un rosado se espera mucha fruta y una vivacidad y frescura que el paso por roble puede opacar. Reto conseguido en Pradorey, pues la madera aporta longevidad al vino y así este puede ser consumido más allá de la añada que aguantan los rosados tradicionales. Permanece la fruta roja y sobre ella se descubre la complejidad de un fondo tostado y un perfume goloso de vainilla, herencia de barrica, cremosidad que vuelve a encontrarse en la boca.

Aquí, además del tempranillo, hay la sorpresa del merlot, vendimiados con buena maduración, para conseguir un vino estructurado que dialogue bien con la madera sin perder el nervio rosa.

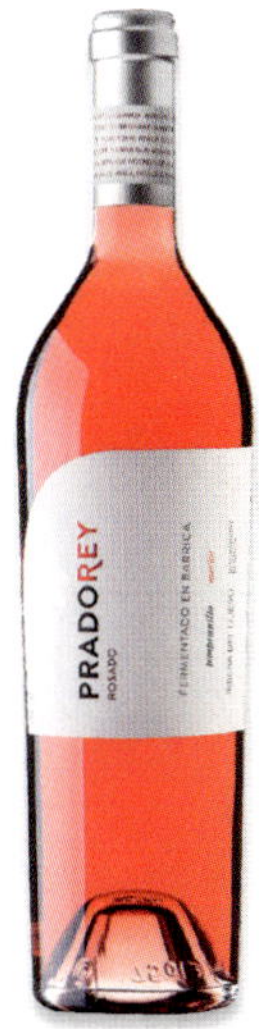

LOS MOMENTOS DEL VINO

Los platos canallas nacieron en Francia, a caballo entre la cocina obrera y dudosos restaurantes burgueses. Decía Julio Camba que la cocina canalla exige compañía algo golfa y ruidosa, y que no es apta para tomar en el hogar junto a la madre virtuosa. Una sardinada frente al mar, manjar de tugurio con manteles de hule, Pradorey y una 'mala' compañía rematarán una tarde gloriosa de verano.

ENOTURISMO

El Real Sitio de Ventosilla es una finca excepcional de 3000 Ha, que linda a lo largo de 7 km con el río Duero. Cuenta con una vaquería, alegría de niños, una moderna bodega y un palacio convertido en hotel, antiguo albergue real de caza, construido para Felipe III por el duque de Lerma. Allí durmió gente insigne como Quevedo o Rubens, ¡toda una inspiración!

Otros descubrimientos

Quien haya sentido la curiosidad de los rosados con madera debería estirar un poco el bolsillo y regalarse **Alma de Tobía** (13 €), un rioja fermentado en barrica y madurado cinco meses en madera. Aporta una nueva dimensión del vino rosado.

Bodegas Pradorey
Ctra. CL-619, km 66 • Gumiel de Mercado, Burgos
www.pradorey.es • tel. 947 546 900
Visitas enoturismo: Sí • Venta en línea: Sí

Rosae 2016

Rosado de alma provenzal, aúna lo mejor del blanco: delicadeza, fruta blanca, notas florales, un punto seco... y defiende muy bien los aromas de frutos rojos del tinto. Todo es armónico en Rosae.

No es fácil conseguir un vino tan delicado con un rotundo tempranillo de la Ribera, nacido a más de 900 m de altitud. Se elabora con la primera uva vendimiada en la bodega, para preservar el carácter de la fruta, su frescura y esos destellos florales que hacen tan elegante el vino. Se prensa con suavidad para despertar la mínima extracción de color, y desde que entra en bodega hasta finalizar la fermentación, los procesos se realizan a baja temperatura, no vaya a ser que la rosa se marchite.

9,75 €

D.O. Ribera del Duero

Bodegas Arzuaga Navarro
100% tempranillo
Barrica: sin madera
Grados: 13,4%

NOTAS DE CATA

VISTA
Piel de cebolla.

NARIZ
Frutos rojos frescos, frambuesa, puntas de fruta de la pasión, notas florales.

BOCA
Delicado, fresco, equilibrado, sabroso, buena acidez, tacto sedoso.

LOS MOMENTOS DEL VINO

Rosae, nominativo plural, "las rosas": declinaciones de amor y gratitud. Rosas rojas y vino para Ana por sus cálidos asaltos, esos de "¡Manos arriba, esto es un abrazo!". Vino y rosas blancas para Marta, presagiando su ramo de novia. Flores y vino para Eva, pues llegó el tiempo de volar sola. Rosae y rosas amarillas para llenar de brindis y flores el aniversario de Olga. Besos y rosas de vino...

Otros descubrimientos

Roselito (10 €), de Bodegas Antídoto, es un rosado de la Ribera soriana elaborado con tempranillo y albillo. Viste palidez tipo piel de cebolla y en la boca resulta fresco, envolvente, con recuerdos de fruta roja y tonos florales.

ENOTURISMO

Arzuaga Navarro es una gran finca ubicada en la Milla de Oro de la Ribera, 1400 Ha de campo y monte de encinas, pinos y sabinas, reserva de ciervos y jabalíes. Además, la bodega cuenta con un hotel de máxima categoría, recuerdo de arquitecturas tradicionales, y magníficas instalaciones para descanso de enoturistas agotados: *spa*, restaurante, etc.

Bodegas Arzuaga Navarro
Ctra. N-122 Aranda-Valladolid, km 325 • Quintanilla de Onésimo, Valladolid
www.arzuaganavarro.com • tel. 983 681 146
Visitas enoturismo: Sí • Venta en línea: No

Izadi Larrosa 2016

5,90 €

D.O. Ca. Rioja

Bodegas Izadi
100% garnacha
Barrica: sin madera
Grados: 13,5%

NOTAS DE CATA

VISTA
Rosa palo.

NARIZ
Aromas florales, fruta blanca, pera, recuerdos de manzana, leves notas de cereza.

BOCA
Fresco, buena acidez, delicado, ligero, frutoso, persistente.

Izadi cambia sus colores tradicionales para hacer una apuesta por un rosado tenue y elegante, recuerdo de paletas provenzales. Estamos ante una garnacha alejada del carácter dulzón de muchos rosados elaborados con esta variedad, sin estridencias, insinuación de estaciones estivales, de fruta blanca, de perfumes de manzana y pera.

La bodega Izadi ha mimado su rosado, incluso en el diseño de la botella. Es un viñedo de altura, plantado en laderas frescas a casi 800 m de altitud, quizá uno de los más altos de la Rioja, para preservar en el vino la frescura de la fruta; viñedo viejo, garnacha casi de 60 años, en vaso, de baja producción y buena concentración. El resultado es un rosado expresivo, fresco y delicado.

LOS MOMENTOS DEL VINO

Es difícil que alguien rompa el corazón de otra persona. Normalmente es uno mismo el que se hiere, empeñado en meterlo a la fuerza donde sabe que su corazón no cabe. Puñeteras verdades de Jodorowsky que siempre pican. Sí, todas las cosas pasan por algo y algunas veces por ser un imbécil. Terapias: viajar, cocinar, reír... Menos bla, bla, bla y más glu, glu, glu, con Izadi, con moderación y amigos.

ENOTURISMO

La Ruta del Vino de la Rioja Alavesa es una de las más activas organizando actividades enoturísticas. Está integrada por cerca de 150 establecimientos que ofrecen múltiples experiencias al amante de la cultura del vino. Localidades como Villabuena, Laguardia, Labastida, Elciego o Samaniego son patria de vinos queridos y cuna de descubrimientos.

Otros descubrimientos

Viña Pomal Rosado (6,90 €), primera incursión de Bodegas Bilbaínas en este color, ofrece un corte moderno, seco, serio, de nariz floral y una boca con buen peso y estructura. Podría decirse que es un clásico, de buena familia, vestido de modernidad.

Bodegas Izadi
Herrería Travesía II, 5 • Villabuena de Álava, Álava
www.izadi.com • tel. 945 609 261
Visitas enoturismo: Sí • Venta en línea: Sí

Muga Rosado 2016

Sin duda, Muga ha dado en el blanco con este vino rosado que cautiva año tras año. Ofrece en su composición protagonismo de garnacha, cediendo el tempranillo su trono de rey riojano. Las garnachas llegan de las laderas que trepan por las caras menos soleadas de los Montes Obarenes, así el vino defiende muy bien sus notas de fruta fresca y ácida.

El rosado de Muga ofrece la peculiaridad de estar fermentado en pequeños depósitos de madera; allí madurará tres meses, evolucionando sobre sus finas lías. De esta forma, el vino suma recuerdos de bollería y gana en una untuosidad que se nota en el tacto de la boca y que compensa el carácter ácido de la fruta, creando un perfecto equilibrio.

7,90 €

D.O. Ca. Rioja

Bodegas Muga
60% garnacha, 30% viura, 10% tempranillo
Barrica: 3 meses
Grados: 13,5%

NOTAS DE CATA

VISTA
Salmón pálido.

NARIZ
Complejo, fruta blanca, fruta ácida, algo de fruta roja, recuerdos lácteos.

BOCA
Elegante, fresco, buena acidez, goloso, sedoso, equilibrado.

LOS MOMENTOS DEL VINO

Un rosado con insinuación de perfumes y boca atractiva tanto se presta al aperitivo estival como acompaña una comida... o esa cena tan especial. "Y así, mientras tú bebes, sonriéndome así, yo, sin que tú lo sepas, me embriagaré de ti..." Versos robados a José Ángel Buesa. En la mesa una cena sencilla: verduras a la plancha, pescado a la sal; la complejidad la pondrán el vino y el atardecer.

Otros descubrimientos

A los vinos de La Rioja les sienta muy bien el rosa. Una buena compra es **Ramón Bilbao Rosado** (6 €). Y si hay algo muy, muy grande que celebrar, **Marqués de Murrieta Primer Rosé** (29,95 €) constituye una feliz sorpresa elaborada solo con mazuelo.

ENOTURISMO

En la bodega tradicional sorprende la presencia constante del vino y el roble, los grandes tinos de madera, la tonelería propia y la serenidad de la sala de crianza. El espacio Torre Muga abre un mundo de experiencias a los enoturistas: *wine bar*, comedor, aula de catas, vinoteca, etc. Y a la puerta de la bodega espera el viñedo provocador del paseo.

Bodegas Muga
Barrio de la Estación, s/n • Haro, La Rioja
www.bodegasmuga.com • tel. 941 306 060
Visitas enoturismo: Sí • Compra en línea: No

Perlarena 2016

9,40 €

D.O. Toro

Dominio del Bendito
80% tinta de Toro,
20% syrah
Fermentado en barrica
Grados: 13,5%

NOTAS DE CATA

VISTA
Salmón pálido.

NARIZ
Aromas frutales, notas florales, cítricos dulces, balsámicos, anís.

BOCA
Equilibrado, entrada fresca, buena acidez, tacto graso, profundidad, longitud.

Después de recorrer bodegas de medio mundo, Antony Terryn llegó a Toro y aquí encontró su viñedo soñado, marcado por el carácter de la tinta y una tradición ancestral de viñas y hombres trabajando juntos frente a un clima aciago. Primero fueron los tintos y los dulces, y por fin llegó el rosado; tinta de Toro, dura y potente, en compañía de syrah, para ganar en carácter frutal.

Este es un rosado de alma provenzal obtenido por prensado directo, fermentado en barrica y criado ocho meses sobre lías, lo que le aporta profundidad y un tacto carnoso. No abruma con sus aromas, sorprende su elegancia y el equilibrio entre fruta roja, cítricos dulces y esas notas anisadas, recuerdo de primaveras en Castilla.

LOS MOMENTOS DEL VINO

Ella era poesía, pero él no sabía leer... o viceversa. La cocina siempre resulta refugio idóneo de almas dolientes. Primero se amasa la pasta, volcanes de harina donde recoger las lágrimas; luego llegará cocinar el pescado azul, del color de los príncipes, del color del cielo... Y así, entre copas de Perlarena y platos de cariño, así, ella encontró a su mejor lector. O viceversa.

ENOTURISMO

Dominio del Bendito es una bodega que interesará especialmente al enoturista explorador, amante de acercarse a la magia del vino y al trabajo del productor o *vigneron*, término francés que Antony Terryn está imponiendo en nuestro país para presentarse y defender la figura del pequeño viticultor, productor y comercializador de su vino. ¡Santa visita!

Otros descubrimientos

Hay vinos emocionales salidos de las manos de un soñador; así son los rosados de Alfredo Maestro, ecológicos, únicos y muy personales, como **Amanda** (10 €), un rosado sorprendente, y **Parcela de Sobrecasa** (10 €), aún más sorprendente.

Dominio del Bendito
Pza. Santo Domingo, 8 • Toro, Zamora
www.bodegadominiodelbendito.com • tel. 980 693 306
Visitas enoturismo: Sí • Venta en línea: Sí

Finca Valleoscuro Prieto Picudo 2016

Que alguien sea pequeño no significa que no pueda hacer grandes cosas. Valleoscuro, a pesar de ser un vino humilde, de una comarca poco conocida, Benavente y los Valles, es un gran rosado. Su color frambuesa se lo dan 36 horas de maceración antes del sangrado. Nace con alma de tinto, con fruta roja de intenso perfume, como si paseando, uno se topara con el verano de frente. En la boca, este chico de pueblo resulta elegante, ligero pero carnoso, con un suave carbónico que lo hace muy refrescante.

Desde el nombre, Valleoscuro pronostica días de clima duro. Menos mal que la prieto picudo es una sufridora sacrificada. Recibe el nombre de su forma picuda y negra, *preta*, en castellano viejo.

4,80 €

D.O.P. Valles de Benavente

Bodegas Otero
100% prieto picudo
Barrica: sin madera
Grados: 13,1%

NOTAS DE CATA

VISTA
Frambuesa brillante.

NARIZ
Buena intensidad, fruta roja, notas de fruta blanca, floral, recuerdos de violetas.

BOCA
Buena acidez, ligero, carnoso, redondo, un punto de aguja.

LOS MOMENTOS DEL VINO

Se levanta el telón y aparecen sentados a la mesa el diputado corrupto Bucatini y, junto a él, Agnoletti, promotor de Fórmula 1. Con los italianos están también Frascarelli, conocido mafioso al que la pasta templa el alma, y La Cavatoppi, *prima donna* verista... Fue pasar por delante de un restaurante italiano y despertarse la fantasía. A la boloñesa de casa le gustan los rosados con estructura.

Otros descubrimientos

Además de este rosado monovarietal de prieto picudo, la bodega elabora el **Finca Valleoscuro Prieto Picudo y Tempranillo** (3,80 €). Hay que probar ambos vinos para tomar partido, pero resultan dos hallazgos de primer orden.

ENOTURISMO

La historia de esta empresa familiar comenzó en 1906, cuando Juan Otero abrió tienda de graneles con una pequeña bodega subterránea. En la década de 1960 embotellaron sus primeros vinos y hoy es la tercera generación la que continúa con el legado familiar. En Benavente habrá que conocer su rico patrimonio, recuerdo de un importante pasado histórico.

Bodegas Otero
Avda. El Ferial, 22 • Benavente, Zamora
www.bodegasotero.es • tel. 980 631 600
Visitas enoturismo: No • Venta en línea: Sí

Chivite Las Fincas 2016

9,50 €

V.T. 3 Riberas

J. Chivite Family Estates
Garnacha, tempranillo
Barrica: sin madera
Grados: 13,5%

¿Qué hacen los viejos amigos cuando se juntan? Charlan, hablan de trabajo y sueños, se sientan a la mesa... Hace muchos años que las familias Chivite y Arzak comparten amistad y de esas tertulias vividas salió la idea de elaborar un vino mano a mano, un rosado deseado, que sirviera a la vez como homenaje del amigo bodeguero al saber hacer de la saga Arzak.

Así nació Las Fincas, rosado de tonos provenzales, criado cuatro meses sobre sus lías, delicado, frutal, con notas florales y una boca suave y untuosa, evocación de veranos. Con él, el descubrimiento de una nueva denominación navarra, 3 Riberas, en referencia a las tierras que encuadran paisajes entre los ríos Arga, Ega y Aragón.

NOTAS DE CATA

VISTA
Rosa asalmonado.

NARIZ
Aroma delicado y frutal, frutas rojas, fondo floral.

BOCA
Fresco, frutal, sabroso, ataque suave y amable, equilibrado, con longitud.

LOS MOMENTOS DEL VINO

Ruptura y dolor tras un proverbial "Nunca encontrarás a nadie como yo". Efectivamente, de eso se trata. Si después de tanta oruga, por fin llegan tiempos de mariposas, habrá que celebrarlo y celebrarlo, para volverlo a celebrar. Momentos rosados Chivite para crear y recrear momentos románticos. Eso que cuentan de sentir mariposas en el estómago, ¿será de la digestión de las orugas?

ENOTURISMO

Los Chivite disponen de distintas bodegas en Navarra. Señorío de Arínzano ofrece al visitante la sorpresa de una moderna bodega diseñada por Rafael Moneo enmarcada por otros edificios de gran valor histórico. La Cascajera es la bodega ancestral de la familia, construida en 1872 por Claudio Chivite, en Cintruénigo y germen de Bodegas Gran Feudo.

Otros descubrimientos

Sin que uno se mueva de Chivite tiene, para momentos opulentos, **Chivite Colección 125** (23 €), quizá el mejor rosado que se elabora en nuestro país, y para días más franciscanos, **Gran Feudo Rosado Sobre Lías** (6,20 €), uno de los rosados más populares.

J. Chivite Family Estates
Ctra. NA-132, km 3,1 • Aberin, Navarra
www.chivite.es • tel. 948 811 000
Visitas enoturismo: Sí • Venta en línea: Sí

Nicte Pétalos de Rosa 2016

Rosado elaborado con prieto picudo de 25 años, nacido en tierras altas y pedregosas de León, de clima severo que maduran la uva lentamente sin robarle frescura, este vino se obtiene por sangrado, cuando apenas le ha dado tiempo al primer mosto a teñirse del color de los hollejos. Así, el rosado viste ese matiz etéreo de los muslos de las ninfas... Después fermenta a baja temperatura para mimar los intensos y elegantes aromas frutales que lo perfuman.

A los rosados, a menudo se los denomina vinos de una noche. Se acostaban como tintos y por la mañana, prensados o sangrados, amanecían del color de las rosas. Quizá por eso, el vino rinde homenaje a Nicte, la diosa helena de la noche.

8,50 €

V.T. Castilla y León

Avelino Vegas
100% prieto picudo
Barrica: sin madera
Grados: 13%

NOTAS DE CATA

VISTA
Rosa muy pálido.

NARIZ
Buena intensidad, carácter frutal, fruta blanca, notas cítricas.

BOCA
Fresco, buena acidez, frutoso, un punto goloso.

LOS MOMENTOS DEL VINO

Nicte marida a la perfección con gentes empeñadas en el buen tiempo de su corazón. Es compañero perfecto de dietas hipocalóricas, restrictivas con amistades tóxicas, victimistas declarados, gente negativa, pusilánimes paralizantes, agresivos y cualquier tipo de vampiro emocional. Reír quema muchísimas calorías y se trata de ser felices, no perfectos.

Otros descubrimientos

Para quienes gusten de rosados más potentes, recuerdo de tintos ligeros, este vino cuenta con un hermano natural, del mismo nombre pero sin apellidos. **Nicte** (8,5 €) luce color frambuesa, un rosa mucho más intenso que Pétalos.

ENOTURISMO

De León, tierra rica en vinos y gastronomía, llega la prieto picudo. Tome nota el viajero con apetito de algunas de las joyas leonesas: botillo, pimientos asados, pera conferencia y buen vino en El Bierzo, cecinas de Vegacervera y León, queso de Valdeón, alubias de La Bañeza, pimientos de Fresno y Benavente, mantecadas de Astorga... ¡Que aproveche!

Avelino Vegas
Grupo Calvo Sotelo, 8 • Santiuste, Segovia
www.avelinovegas.com • tel. 921 596 002
Visitas enoturismo: No • Venta en línea: No

Moscatel de la Marina 2016

8 €

D.O. Alicante

Bodegas Enrique Mendoza
100% moscatel de Alejandría
Vino de licor
Grados: 15%

NOTAS DE CATA

VISTA
Amarillo con reflejos verdosos.

NARIZ
Complejo, aromas varietales, notas a miel, cítricos dulces, flor de azahar, balsámicos.

BOCA
Sabroso, ligero, untuoso, buena acidez, goloso y amable.

En los tiempos oscuros, cuando el vino viajaba por el Mediterráneo, los marineros afrontaban los largos periplos fortaleciéndolo. Para darle vigor, añadían hierbas aromáticas como si fueran vermuts actuales; lo vigorizaban con resina, como el *retsina* griego de hoy en día; y en ocasiones añadían alcoholes vínicos que subían su grado. Así se sigue elaborando moscatel en la Marina Alta, encabezándolo con alcohol.

La complejidad de este vino reside en conseguir el equilibrio entre azúcar y acidez sin empalagar. El moscatel de Mendoza llena el aire con sus sugerencias de miel, sus notas valencianas de piel de naranja y suave mandarina y un balsámico aleteo. En boca se presenta con nervio y vigor juvenil.

LOS MOMENTOS DEL VINO

"A fuerza de apurar cáliz y boca, ya no sé, dulce amor, cuál es el vino." Lo escribía el poeta Ibn az-Zaqqaq, allá por el s. XII, disfrutando moscateles en la boca de su amada. En una cita para el amor, hay que vestir la boca de la mujer esperada y desnudar... su alma. Ella llega impuntual a las diez en punto. En la mesa se atempera el *foie*. El moscatel mantiene el frío, preámbulo de la pasión.

ENOTURISMO

Enrique Mendoza inició su proyecto en la década de 1970. Hoy cuenta con dos bodegas, la de elaboración en Villena y la de envejecimiento en Alfaz del Pi. Allí hay que ir para hacer enoturismo y conocer, además, la filosofía de la casa: agricultura sostenible, viticultura de precisión y el protagonismo absoluto del viñedo en la elaboración del vino.

Otros descubrimientos

Cristal·lí (9 €), de Vins del Comtat de Alicante, es otro gran vino de la Marina Alta, aunque la bodega se asienta en el área más montañosa, en la "Toscana alicantina". Evoca viñedo viejo y marinero, esencia dulce del Mediterráneo.

Bodegas Enrique Mendoza
Partida El Romeral, s/n • Alfaz del Pi, Alicante
www.bodegasmendoza.com • tel. 965 888 639
Visitas enoturismo: Sí • Venta en línea: No

Garnatxa Marià Pagès

Los vinos dulces forman parte de la tradición ancestral del Empordà y de sus prácticas culturales. Aunque resulta habitual encontrar moscateles, la garnacha constituye la base esencial de estos vinos únicos. Normalmente se elaboran sobremadurando la uva y añadiendo alcohol en la vinificación para obtener un vino dulce natural donde el azúcar residual proviene íntegramente del vino. La tradición marca su envejecimiento en madera.

Marià Pagès es un vino dulce natural, elaborado con garnacha negra y blanca, de viñas de más de 20 años, madurado un año en barrica. Tiene potencia y fuerza, pero entra de forma amable sin resultar empalagoso gracias a ese punto de acidez que le aporta frescura.

7 €

D.O. Empordà

Celler Marià Pagès
Garnacha blanca y garnacha tinta
Barrica: 12 meses
Grados: 15,5%

NOTAS DE CATA

VISTA
Caoba claro.

NARIZ
Aroma de fruta escarchada, frutos secos, especias dulces, tostados, caramelo.

BOCA
Acidez bien integrada, frutoso, sabroso, persistente.

LOS MOMENTOS DEL VINO

"En llegando la Pascua…" Suena pretérita la voz de esta frase, y es que el vino trae sugerencias de frutas de sartén, ¡otra antigualla! Postres ancestrales de masa frita que barroquizan la simplicidad de la harina en forma de buñuelos, torrijas, flores manchegas u hojuelas. ¡Qué bien sienta, en llegando la Pascua, meterse en harina y regalar frutas de sartén y dulce garnacha del Empordà!

Otros descubrimientos

Dos recomendaciones para amantes de los vinos ampurdaneses: **Masia Pairal Can Carreras Moscat** (9,6 €), un moscatel sobresaliente; y para clásicos de las garnachas del Empordà, **Oliveda** (5,5 €), tradición a un precio imbatible.

ENOTURISMO

Bodega familiar, su relación con el territorio arranca del s. XIX. Su actividad se remonta a 1870, funcionando entonces como almazara. Dentro de la vieja casa familiar, en el centro de Capmany, se encuentra la bodega de crianza donde duermen los vinos más queridos. Es una visita recomendada para quien guste del contacto directo con pequeños productores.

Celler Marià Pagès
Pujada, 6 • Capmany, Girona
www.cellermpages.com • tel. 972 549 160
Visitas enoturismo: Sí • Venta en línea: No

Manzanilla San León

7,50 €

D.O. Jerez-Manzanilla de Sanlúcar de Barrameda

Herederos de Argüeso
100% palomino
Crianza dinámica: 5 años
Grados: 15%

NOTAS DE CATA

VISTA
Amarillo dorado.

NARIZ
Complejo, expresivo, punzante, seco, salino, notas de almendras y recuerdos del velo floral.

BOCA
Gusto largo, delicado, seco, fresco, equilibrado, salina, final largo.

Manzanilla de Argüeso, poema divino que en la sal y el sol se baña. Son las brisas templadas que soplan del mar las que hacen que este vino sea atlántico y marino, que huela a yodo y marisma, que susurre mareas bajas. Pintura de terruño enriquecida con aromas de levadura y tipicidad.

Es una manzanilla elaborada como un fino: palomino encabezado a 15 grados, caminante de soleras y criaderas a lo largo de 60 meses. El marco sanluqueño, más tibio que Jerez y más regular todo el año, evita los 'apagones' de la crianza biológica que los termómetros extremos provocan en tierra de finos. Cantares: "A Roma se va por bulas, por tabaco a Gibraltar, por manzanilla a Sanlúcar, y a Cádiz se va por sal..."

LOS MOMENTOS DEL VINO

El vino es un estado de ánimo. Se escribe vino pero se lee amistad, pasión, vida... "Nuestra íntima unión, vino y hombre, creará la poesía", decía Baudelaire, quien desconfiaba del hombre que solo bebía agua, del que afirmaba: "tiene algún secreto que esconder", y razón no le faltaba. ¡Psicólogos a casa y psicoanalistas a dormir divanes!, que es el amigo el que cura y la manzanilla la que bendice.

ENOTURISMO

Don León de Argüeso, burgalés, benefactor de Arija, su pueblo natal, creó la bodega en 1822. Su legado alcanza hoy hasta 20 cañones de bodega, mayoritariamente del s. XIX, de tradicional arquitectura vinatera y sobre los que destacan los espacios del viejo convento de Santo Domingo. El nombre de la manzanilla recuerda el santo de don León.

Otros descubrimientos

Manzanilla, maravilla de Sanlúcar, tiene nombres evocadores, miradas del sur. Aquí están **La gitana** (6 €) o, mejor aún, **La gitana en rama** (9,95 €), **La Goya** (8 €), **Maruja** (10 €), **Papirusa** (10 €), y otras, como **Solear** (8 €) de Barbadillo.

Herederos de Argüeso
Mar, 8 • Sanlúcar de Barrameda, Cádiz
www.argueso.es • tel. 956 385 116
Visitas enoturismo: Sí • Venta en línea: Sí

Gutiérrez Colosía Fino

El velo de flor que surge de forma natural en los vinos de Jerez y que conforma su personalidad resulta una niña delicada. Si hace mucho calor, se ahoga; si llega el frío, se arruga; si falta la humedad o hay saltos de termómetro, pierde finura. Así que en una bodega vecina del mar, recibiendo vientos secos de levante y atlánticos de poniente, y además asomada a un río, el velo de flor vive feliz. Quizá por eso, este vino resulte un fino amanzanillado, elegante y femenino como si viniera de Sanlúcar.

Alma andaluza, el fino huele a primaveras de Cádiz, cuando nace el jazmín; a tierra mojada; a paseos golosos por tahonas del Puerto; huele a niños marineros de poemas de Alberti.

7,70 €

D.O. Jerez-Manzanilla de Sanlúcar de Barrameda

Gutiérrez Colosía
100% palomino
Crianza dinámica: 3 años
Grados: 15%

NOTAS DE CATA

VISTA
Pajizo, reflejos verdosos.

NARIZ
Salino, yodado, heno, aromas florales, notas de panadería, almendras, frutos secos.

BOCA
Paso ligero pero amplio, punzante, seco.

LOS MOMENTOS DEL VINO

¿Urbanitas con ganas de desahogo y sin posibilidades de ir a la feria? ¡Se monta la tabernilla en casa! Con mantel de lunares se improvisa la barra. Aquí unas tortillitas; allí las anchoas; un poquito de jamón que está muy caro, *mi arma;* las olivas; su buena mojama, y su gracia; y los amigos. Y llegan las bulerías: "Quisiera ser el aire, para rozarme contigo, sin que lo notara nadie...".

Otros descubrimientos

¡Hay tantos finos maravillosos por descubrir en Jerez! He aquí un pequeño muestrario: **Tío Pepe** (7 €) de González Byass; **Inocente** (9,5 €) de Valdespino; **Camborio** (9,5 €) de Juan Piñero; **Coquinero** (10 €) de Osborne. Todos, vinos muy grandes.

ENOTURISMO

La primera nave catedral se levantó en 1838 y hoy continúa intacta. Desde hace más de 100 años pertenece a la familia González Colosía, quienes en 1969 compraron los restos de un palacio cercano para seguir creciendo, siempre a orillas del Guadalete, "río del deseo", en lengua árabe. Hoy son la tercera y cuarta generación quienes continúan la labor.

Gutiérrez Colosía
Bajamar, 40 • El Puerto de Santa María, Cádiz
www.gutierrezcolosia.com • tel. 956 852 852
Visitas enoturismo: Sí • Venta en línea: No

Viña AB Amontillado

9,20 €

D.O. Jerez-Manzanilla de Sanlúcar de Barrameda

González Byass
100% palomino
Crianza dinámica: 8 años
Grados: 16,5%

NOTAS DE CATA

VISTA
Yodo, borde ámbar.

NARIZ
Punzante, salino, aromas frutales, frutos secos, recuerdos de levadura, maderas finas.

BOCA
Sedoso, yodado, seco, recuerdos de solera, largo.

El amontillado es un vino complejo. Evoluciona siguiendo dos procesos de crianza que le otorgan gran personalidad. Inicia el camino como fino: mosto yema fermentado y encabezado a 15 grados; crianza biológica bajo velo de flor, privilegio único del clima jerezano y su entorno; y sistema dinámico de soleras y criaderas. Tras el primer viaje, el vino vuelve a encabezarse, pero esta vez con adición de alcohol de mayor envergadura, la flor desaparece y comienza una nueva crianza, ahora oxidativa.

Viña AB es un amontillado amistoso, perfecto para quienes desean iniciarse en los misterios del jerez, pues prevalece su carácter suave de fino sobre el espíritu oscuro de los amontillados profundos.

LOS MOMENTOS DEL VINO

¿Libros de autoayuda? A veces aceptar el fracaso es tan sencillo como entender el esfuerzo, llenarse la copa de un vino profundo, de esos que exigen tiempo para entenderlos y silencio para escucharlos, y releer viejos libros. «Una persona inteligente se repone pronto de un fracaso, un mediocre jamás se recupera de un éxito.» Amontillado, lecturas clásicas y Séneca. Aquí se sueña...

ENOTURISMO

Nada más sencillo que disfrutar del enoturismo en la bodega de Tío Pepe en Jerez, la más visitada de España. Ofrece numerosas opciones de descubrimiento: visitas a la bodega, visitas con momento gastronómico, con maridaje, salidas al viñedo con apoyo de cocina, visitas especiales para descubrir los rincones y los vinos más exclusivos de la casa, etc.

Otros descubrimientos

Beber jerez es apoyar el patrimonio único que estos vinos suponen. No son fáciles, pues necesitan un pequeño recorrido, pero devuelven gran placer hedonista. Otro puntal de estos vinos son los olorosos. Una buena compra es **Alfonso** (8,20 €), de González Byass.

González Byass
Manuel María González, 12 • Jerez de la Frontera, Cádiz
www.gonzalezbyass.com • tel. 956 357 000
Visitas enoturismo: Sí • Venta en línea: Sí

Casa de la Ermita Dulce Monastrell 2015

Aquí hablamos de monastrell dulce, un auténtico paseo con sorpresa por los vinos de Jumilla: Casa de la Ermita, viñedo cansado de más de 60 años, de baja producción por crecer en situaciones extremas, apenas 400 g por cepa; dureza que traslada concentración al vino y una buena estructura que lo muscula para no caer en mermeladas de fruta. Es un vino dulce natural: vendimia tardía y uva soleada para ganar concentración de azúcares y poder paralizar la vinificación cuando el vino conserva todavía gran parte de su miel natural.

Y goloso encanto de la monastrell: tinto que pinta púrpuras de noches de verano, que ofrece la boca fresca y sedosa de los besos deseados, que atrapa el perfume de huertos y bosques mediterráneos.

9,20 €

D.O. Jumilla

Bodegas y Viñedos Casa de la Ermita
100% monastrell
Barrica: 3 meses
Grados: 14,5%
50 cl

NOTAS DE CATA

VISTA
Púrpura muy cubierto.

NARIZ
Buena intensidad, frutas rojas y negras muy maduras, especiados dulces, tostados.

BOCA
Entrada suave, untuoso, tanino sedoso, buen equilibrio frescor/azúcar.

LOS MOMENTOS DEL VINO

Al caer la noche llegan los minutos personales de ordenador. La red ha cambiado la forma de conocer amigos, de relacionarse e incluso de llegar al amor. Desde la intimidad doméstica, salimos al espacio en busca de charla, de amistad y hasta de besos. ¿Qué nos deparará la noche? Sonreímos en complicidad con la vida. Una copa de Casa de la Ermita nos estimula dulcemente para la aventura.

Otros descubrimientos

No es fácil encontrar vino dulce de monastrell sin asaltar bolsillos en crisis. **Dulce Crápula** (9,95 €) es una buena opción. Para quien pueda estirar un poco más el presupuesto, aquí están **Silvano García** (11,70 €) y **Alceño** (12 €).

ENOTURISMO

La bodega, fundada en 1999, se encuentra en la emblemática montaña de El Carche, a 1371 m de altitud, un espacio protegido de gran riqueza natural. La visita permite al enoturista curioso, además de conocer la bodega, hacer un pequeño recorrido por el entorno y el viñedo, ¡saludos a la monastrell! Como digno remate llegará la degustación del vino.

Bodegas y Viñedos Casa de la Ermita
Ctra. de El Carche, km 11,5 • Jumilla, Murcia
www.casadelaermita.com • tel. 968 783 035
Visitas enoturismo: Sí • Venta en línea: Sí

Finca Antigua Moscatel 2016

8,65 €

D.O. La Mancha

Finca Antigua
100% moscatel morisco
Vino naturalmente dulce
Grados: 13%
37,5 cl

NOTAS DE CATA

VISTA
Amarillo limón, destellos verdes.

NARIZ
Complejo, intenso, frutas de hueso, notas florales, jazmín, hinojo, especias dulces.

BOCA
Entrada sedosa, goloso, con volumen, buena acidez, nervio, longitud.

Este es un moscatel naturalmente dulce, o lo que es lo mismo, vino en el que tanto el grado alcohólico como el contenido de azúcar proceden únicamente de la uva y nada más. Dicen que la belleza complace los ojos, pero la dulzura encadena el alma...

El moscatel de Finca Antigua proviene de la parcela La Cueva, a 855 m de altitud, viñedo de altura que favorece la frescura del vino. Para conseguir su dulzor natural, las uvas se pasifican. Se recogen entre agosto y septiembre y se asolean en una pasera natural, deslumbrante alfombra de fruta que en unos días cederá agua y concentrará miel. El resultado es un vino perfumado, sedoso en la boca, con una buena acidez que hace disfrutar de tanta dulzura.

LOS MOMENTOS DEL VINO

En la vieja Atenas, el vino marcaba el *symposium*. Los banquetes se realizaban tras la cena y la liturgia del vino iba pareja a la filosofía. *El banquete* de Platón es el mejor recuerdo de un grupo de amigos reunidos en torno al vino y filosofando acerca del amor. Las cosas apenas han cambiado. Se trata de arreglar el mundo o entender a las mujeres o a la inversa. Y el moscatel de inspiración.

ENOTURISMO

La moderna bodega de la familia Martínez Bujanda se ubica en la ruta de Don Quijote, en un mágico entorno natural de 1000 Ha, a 900 m de altitud. Allí, la viña convive en armonía con paisajes de monte bajo, salpicado de encinas y coscojas. La bodega ofrece un programa de actividades muy amplio, con muchas posibilidades. ¡Es una buena excusa para el viaje!

Otros descubrimientos

Gran Feudo Blanco Dulce de Moscatel (7,60 €) es un vino de aromas intensos y muy expresivo, elaborado en Navarra por el grupo Chivite. Ofrece un paso por boca suave y fresco, con un estupendo equilibrio entre dulzor y acidez.

Finca Antigua
Ctra. Quintanar-Los Hinojosos, km 11,5 • Los Hinojosos, Cuenca
www.fincaantigua.com • tel. 969 129 700
Visitas enoturismo: Sí • Venta en línea: Sí

Alvear Pedro Ximénez de Añada 2014

La pedro ximénez reina en el viñedo montillano. A su espíritu goloso le sienta bien la pasificación, primer paso en la elaboración de este vino único. ¡Luce bonito el almijar a finales de agosto, cuando los racimos se asolean, dormidos en esparteros! Más de una semana dura la siesta. Vienen luego la molienda, el vino y la crianza en soleras y criaderas.

La revolución ha llegado a Montilla. El Alvear de añada se elabora con uvas pasificadas de una única cosecha. El vino se encabeza con alcohol y se ensambla un año en tinajas tradicionales de elaboración. El resultado es un vino dulce, menos denso que el tradicional, más fresco y con gran equilibrio de sensaciones dulces y ácidas.

9,95 €

D.O. Montilla-Moriles

Bodegas Alvear
100% pedro ximénez
Tinajas: 12 meses
Grados: 17%
37,5 cl

NOTAS DE CATA

VISTA
Ámbar claro, brillante.

NARIZ
Fruta pasificada: uvas, dátiles, higos secos; chocolate, notas de naranja escarchada.

BOCA
Buena acidez, fresco, dulce, untuoso, muy equilibrado.

LOS MOMENTOS DEL VINO

Toca trabajar en verano, cuando la ciudad pierde el ritmo cotidiano y la canícula invade el mundo con su aire plomizo. Se evoca Ítaca y se divisa septiembre en la lejanía. Hay que colgar pequeñas estrellas en este cielo de oscuro estío. Cada noche, en un íntimo compromiso con la luna, habrá que pintar los sueños con helados de chocolate y una copa de dulce PX de añada. ¡*Bye, bye*, somníferos!

Otros descubrimientos

Año a año, Parker, gurú americano del vino, bendice este pedro ximénez con altas puntuaciones, 96 puntos para esta añada. Un nuevo hallazgo para buscadores de estas joyas de Montilla es **Pérez Barquero Cosecha Pedro Ximénez** (10 €).

ENOTURISMO

Montilla es vino y es aceite, mares de viejas barricas en las que, lentos, duermen años los vinos generosos, y, donde no hay viña, el olivo dibuja paisajes de simetrías vitales. En Alvear se vive el vino y se siente el espíritu de Montilla-Moriles, que sabe a generosos únicos, a calor, como la de su cocina ancestral, como la de su gente, buena gente.

Bodegas Alvear
María Auxiliadora, 1 • Montilla, Córdoba
www.alvear.es • tel. 957 650 100
Visitas enoturismo: Sí • Venta en línea: No

Ètim Verema Tardana Negre Dolç 2014

9,75 €

D.O. Montsant

Cooperativa Falset-Marçà
100% garnacha
Barrica: 10 meses
Grados: 15,5%

NOTAS DE CATA

VISTA
Granate con un ribete rubí.

NARIZ
Intensidad, fruta negra madura, fruta escarchada, pasas, notas de higos, tostados, cacao.

BOCA
Equilibrado, fresco, goloso, un punto untuoso, con longitud.

Los sabios árabes enseñaron a las gentes de la Corona de Aragón el arte de la destilación que ellos usaban para elaborar perfumes. Los cristianos viejos enseguida aprendieron a fortalecer sus vinos adicionándoles alcohol vínico. Hoy en día, la tradición de las garnachas licorosas forma parte del patrimonio cultural de muchos pueblos de Catalunya y Aragón.

Veremes tardanes, o vendimias tardías, hasta conseguir que la uva se deshidrate en la viña y aumente su concentración de azúcar. Una vez parada la vinificación con alcohol, el vino madura 10 meses en madera sumando notas cremosas. Hay dulzor y frescura en equilibrio perfecto; azúcar, sí, pero con el reconfortante frescor de un claustro.

LOS MOMENTOS DEL VINO

Compañero perfecto de quesos azules, el vino trasciende el postre en prolongada sobremesa mientras se comparten animadas conversaciones y nuevas golosinas. Transcurre así la tarde entre chupitos de Ètim, y se une el postre con la merienda crepuscular y la tertulia confortable. Licores para conversar, palabreros y agradables, decía Josep Pla. ¿Se puede pedir un licor más serio y eficaz?

ENOTURISMO

Ètim es fruto del trabajo de los agricultores de Falset y Marçà, unidos en un destino común desde hace más de 100 años. Su emblema diferencial es el Celler Cooperatiu de Falset, catedral del vino, de inspiración medievalista, obra de César Martinell, discípulo de Gaudí, y de visita obligada. La bodega ofrece numerosas actividades de enoturismo.

Cooperativa Falset-Marçà
Miquel Barceló, 31 • Falset, Tarragona
www.etim.es • tel. 977 830 105
Visitas enoturismo: Sí • Venta en línea: Sí

Otros descubrimientos

Sin salir de la Cooperativa Falset-Marçà, habrá que conocer el vino licoroso de garnacha blanca **Ètim Verema Tardana Blanc Dolç** (9,80 €). Para amantes de la garnacha tinta dulce, **Merian Dolç Natural** (9,50 €), de la Terra Alta.

Gran Feudo Dulce de Moscatel 2015

Cuando el francés Théophile Gautier viajó a España buscando gitanas y "toreadores", allá por 1840, a su paso por Peralta escribió sobre el vinillo de la zona: "Vino cálido y licoroso, perfumado de un cierto gusto a *muscat*". Difícil saber si este vino y el del escritor romántico guardan parentesco, pero la anécdota alerta sobre una tradición de vinos que emparenta con nuestro moscatel.

Variedad rica en azúcar, que aún crece con la vendimia tardía, se elabora igual que un vino blanco al que se corta la fermentación para mantener azúcares residuales. Su juventud permite la plena expresión de los aromas varietales: acacia, rosa, etc., destacando su equilibrio entre dulzor y acidez.

7,50 €

D.O. Navarra

Bodegas Gran Feudo
100% moscatel
de grano menudo
Barrica: sin madera
Grados: 12%
50 cl

NOTAS DE CATA

VISTA
Amarillo pajizo.

NARIZ
Buena intensidad, aromas varietales, fruta escarchada, matices florales, cítricos dulces.

BOCA
Entrada fresca, suave, equilibrio entre azúcar y acidez, buena longitud.

LOS MOMENTOS DEL VINO

Los que de corazón se quieren, solo con el corazón se hablan. Noche de cabriolas contra la rutina. Ella no lo espera. Él improvisa. Tintineo de llaves y el *muscat* marca la entrada en casa. Los tacones se abandonan y se disfruta el refugio doméstico. Gran Feudo abre el juego con un poco de *foie*, acompaña un roquefort y reclama postre. Tenía razón Quevedo: cuidar, hablar con el corazón.

Otros descubrimientos

Un moscatel excepcional de la misma bodega, **Chivite Colección 125 Moscatel Vendimia Tardía** (25 €), vendimiado grano a grano, fermentado en roble y madurado cinco meses en madera. Ocasiones especiales justifican la inversión.

ENOTURISMO

Chivite es propietaria de diferentes bodegas. La de Cintruénigo es la más antigua, continuadora de un negocio familiar que se inició en 1647. De paso por la tierra de los navarros no hay que dejar de visitar Señorío de Arínzano, también de la familia Chivite, diseñada por el arquitecto Rafael Moneo y buen ejemplo de la filosofía de esta casa.

Bodegas Gran Feudo
Ribera, 34 • Cintruénigo, Navarra
www.bodegaschivite.com • tel: 948 811 000
Visitas enoturismo: Sí • Venta en línea: No

Viña Albina Dulce Vendimia Tardía Reserva 2011

10 €

D.O. Ca. Rioja

Bodegas Riojanas
90% viura,
10% malvasía riojana
Barrica: 16 meses
Grados: 12,5%
50 cl

NOTAS DE CATA

VISTA
Amarillo pajizo, dorado.

NARIZ
Aromas florales, fruta escarchada, miel, notas de crianza: vainilla, especias dulces, finas maderas.

BOCA
Suave, untuoso, licoroso, con acidez, final persistente.

Si este vino se llamara *Château Albina*, se pagarían tres o cuatro veces más que su precio actual. Lamentablemente no están de moda en nuestro país los vinos *botryzados y* se valora poco la dificultad de su elaboración. Estos vinos siempre resultan cómplices discretos de las más bellas historias.

Viñedo viejo de baja productividad; vendimia tardía con focos de podredumbre noble o *botrytis*, feliz ataque de hongos que pasifica la uva y concentra azúcares, pero que solo se produce en ciertas circunstancias climatológicas. ¡Lástima! Por eso este gran vino solo se encuentra en ciertas añadas. Fermenta en madera nueva y sigue madurando en larga crianza de roble americano también nuevo.

LOS MOMENTOS DEL VINO

Para alegrar la mesa festiva; para celebrar victorias en soledad; para soportar derrotas con humor; para vestir de afecto una cena romántica; para desvestirla rápidamente a ella; para sorprender en remate de queso azul; para regalar con un *foie;* para regalar incluso sin *foie*... En resumen, este es un vino imprescindible en la bodega del buen amigo, de familias felices, del mejor amante...

ENOTURISMO

Las instalaciones históricas de Cenicero datan de 1890. Con motivo de la celebración de su 125º aniversario, en el 2015 la bodega hizo una gran rehabilitación, especialmente de los viejos calados, poniendo en valor viejos espacios cargados de historia. Cuentan también con una vinoteca en el centro de Cenicero, punto de encuentro para amantes del vino.

Otros descubrimientos

Conviene ser paciente y guardar añadas del vino, pues mejoran con los años. En la web de la bodega pueden adquirirse diferentes añadas. Para descubrir otros vinos riojanos dulces, una buena apuesta es **Marco Fabio Moscatel Vendimia Tardía** (10 €).

Bodegas Riojanas
Avda. Dr. Ricardo Ruiz Azcárraga, 1 • Cenicero, La Rioja
www.bodegasriojanas.com • tel. 941 454 050
Visitas enoturismo: Sí • Venta en línea: Sí

"Grown wines", vinos que han crecido

UNA SELECCIÓN DE 30 GRANDES VINOS ENTRE 10,50 Y 15 €

En cinco ediciones publicadas de 2013 a 2017, esta guía ha seleccionado cerca de 500 vinos de excelente calidad, a la venta por menos de 10 €. Algunos de los vinos aparecidos a lo largo de estos cinco años, y seleccionados previamente para esta edición, no han podido ser finalmente recogidos en la presente guía por superar el límite establecido de precio.

En general, estos vinos con costes por encima de los 10 €, no solo han crecido en precio, lo han hecho también manteniendo unos niveles altos de calidad y, por supuesto, ofreciendo al comprador una relación excelente entre su precio y el placer que regalan. Tomando en préstamo una frase muy popular entre profesionales del sector, podría decirse que son vinos que valen mucho más de lo que cuestan. Por eso los hemos llamado "grown wines", vinos que han crecido.

En las páginas siguientes, el amante del vino encontrará una selección de 30 "grown wines" con precios que oscilan entre los 10,50 y los 15 €. La gran mayoría de los vinos tintos, blancos y rosados de esta selección pueden comprarse por un precio muy asequible, inferior o igual a 12 €. Los precios más altos corresponden al capítulo de vinos dulces y generosos, vinos excepcionales, de elaboraciones complejas y tiempos de maduración largos. En estos casos, bien puede afirmarse que siguen siendo vinos económicos, teniendo en cuenta la dificultad de su producción y sobre todo el placer hedonista que encierra cada botella.

Son 30 vinos que han crecido para ofrecer grandes opciones de celebrar y vivir momentos muy especiales o para hacer especial cualquier momento. Siempre hay –y si no, deben inventarse– ocasiones excepcionales que justifican romper el presupuesto franciscano y la regla de los 10 €. Aquí encontrará el lector 30 buenas excusas para hacerlo.

Vivir es lo único urgente. "Grown wines" son vinos capaces de provocar buenos momentos para los que se niegan a vivir en serio y en serie.

LA MONASTRELL MÁS PERSONAL

Beryna 2013

D.O. Alicante
90% monastrell,
10% garnacha
Barrica: 14 meses

12,50 €

Beryna encierra la magia de aunar un tinto de alma mediterránea y profundos aromas de fruta madura con una frescura refrescante, se diría que atlántica. El viñedo de Casa Balaguer se sitúa en Villena, a 725 m sobre el nivel del mar, donde el calor mediterráneo se equilibra con influencias continentales y la viña crece sosegada. Después llega la poesía de Rafá Bernabé, un viñador comprometido con métodos de viticultura y de elaboración mínimamente intrusivos, que consigue una magnífica interpretación de la monastrell.

Los momentos del vino Vino placer; velada tranquila con la pareja; buena compañía para una arroz ilustrado.

Bernabé Navarro • www.rafabernabe.com

EXPRESIÓN BERCIANA

Casar Mencía 2014

En la década de 1980, mucho cultivo de montaña de El Bierzo fue abandonado ante la difícil mecanización del trabajo y el carácter poco productivo del viñedo viejo. Sin embargo, Nemesio, fundador de la bodega, se empeñó en mantener vivos aquellos majuelos. En las parcelas más bajas de la pendiente, sobre suelos arcillosos, en viñas cuarentonas, allí nace esta mencía, dicen que llegada de Francia por el Camino Jacobeo: un tinto intenso, fragante, con aromas frutales y una madera que suma complejidad.

Los momentos del vino Aperitivo con clase; momento con amigos franceses; convocatoria amistosa en torno a un cocido.

Casar de Burbia • www.winefrombierzo.com

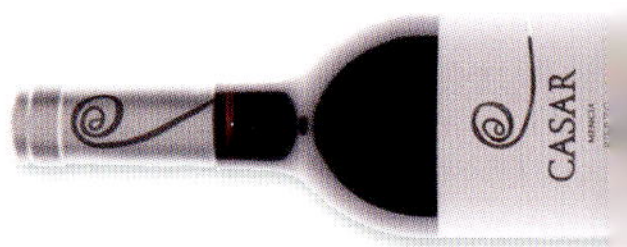

D.O. Bierzo
100% mencía
Barrica: 12 meses

10,50 €

LA MAGIA DE LA GARNACHA

Manga del Brujo 2014

D.O. Calatayud
Garnacha, syrah, tempranillo, mazuelo
Barrica: sí, corto paso

10,50 €

Las viejas garnachas aragonesas viven en armonía natural con su entorno. Con la edad se han acostumbrado la una al otro y no hay inclemencia que los altere, procurando vinos equilibrados y de buena concentración.
Este es el viñedo que enamoró a Norrel Robertson, escocés, *winemaker* volante y con instinto para poner en valor viñedos únicos. El Brujo presenta la garnacha apoyada por otras variedades. Así el vino gana nervio sin perder protagonismo de fruta y mantiene su carácter serio y estructurado.

Los momentos del vino Copa para charla relajada; vino hedonista; trago de inspiración; comida contundente de invierno.

El Escocés Volante • www.escocesvolante.es

IDENTIDAD DE TERRITORIO

Trepat Carles Andreu 2014

D.O. Conca de Barberà
100% trepat
Barrica: 6 meses

12,95 €

La trepat es la variedad tradicional de la Conca de Barberà. Base habitual para elaborar rosados y cavas, ofrece la dificultad de su bajo tono en tintos. Para ganar grado y capa, en casa de Carles Andreu se sobremadura ligeramente la uva, retrasando la vendimia para ganar concentración. En bodega realizan una larga maceración en frío, para extraer de la piel mayor intensidad de color y aromas. El resultado es un tinto muy diferencial, elegante, cálido y mediterráneo. Se diría que una pinot noir a la catalana.

Los momentos del vino Nostalgia de Borgoña; momento elegante de seducción; vino introspectivo; vino-descubrimiento.

Celler Carles Andreu • www.cavandreu.com

LOCURA DE VINO

Tocat de l'Ala Negre 2015

Toni Coca, enólogo de larga trayectoria, a la búsqueda de vinos singulares topó con Roig Parals, una antigua bodega del Empordà y algo pasó, porque juntos se lanzaron a elaborar un vino único, frutal y amable, expresión de territorio. Aquí hay viejas viñas del Empordà, de garnacha y cariñena, vendimiadas tardíamente para buscar una boca untuosa y muy fácil de entender, más cuatro meses de roble para redondear el vino. La cariñena aporta profundidad, la garnacha, fruta dulce. Total, ¡una estupenda locura!

Los momentos del vino Revelación a los amigos de una locura, poniendo humor; exuberancia de setas o de caza en otoño.

Celler Roig Parals • www.roigparals.cat

D.O. Empordà
60% garnacha, 40% cariñena
Barrica: 4 meses

11 €

BESOS DE MONASTRELL

Juan Gil Etiqueta Plata 2015

D.O. Jumilla
100% monastrell
Barrica: 12 meses

10,70 €

Si alguien defiende bien los colores de la monastrell jumillana, sin duda es este vino; cuatro generaciones de la familia de Juan Gil lo avalan y le ceden con orgullo su nombre. Destacan su buena estructura, su carácter maduro y goloso de buena monastrell y especialmente el equilibrio entre la fruta, el alcohol y la madera, en un conjunto del todo armónico en el que prima el carácter frutal del vino. Sus 15 grados no asustan, bien domesticados por 12 meses de roble francés.

Los momentos del vino Mesa de celebración; tardes de reflexión; inspiración para una cocina con curri.

Bodegas Juan Gil • www.bodegasjuangil.com

VINO DE AUTORA

Evol 2014

Las cosas buenas que pasan, siempre han sido soñadas antes, y Elisa, jumillana y enóloga, soñaba vinos, alma de monastrell. Cuando encontró el viñedo del agricultor Juan Pérez supo que su proyecto se tornaba inevitable, viñedo viejo de altura, de pie franco, sobre suelos tan pobres que ni la filoxera reparó en ellos.
Evol es una gran interpretación de la monastrell casi sin madera. Jugoso, fragante y de buen nervio, mantiene la viveza en el tiempo y ofrece complejidad pese a su juventud.

Los momentos del vino Tentación y entrega de chocolate; vino de autocomplacencia; charla en distancias muy cortas.

Aromas en mi copa • www.aromasenmicopa.com

D.O. Jumilla
100% monastrell
Barrica: 3 meses

10,90 €

TIPICIDAD

Giné Giné 2015

En el Priorat hay un orgullo de territorio que lleva a muchos vinos a mostrar en su nombre recuerdos de geografías. Aquí se palpa geografía humana, homenaje al abuelo del viticultor, último eslabón de una tradición familiar de vino que su nieto recupera. Giné Giné es tipicidad Priorat: variedades tradicionales y suelo de licorella que cede mineralidad al vino. Es el tinto perfecto para comenzar a descifrar el alma del Priorat: fruta madura, mineralidad, elegancia y una potencia amistosa con un alcohol muy bien integrado.

Los momentos del vino Momentos de introspección; mesas de celebraciones importantes; para cautivarle a él.

Buil & Giné • www.builgine.com

D.O. Ca. Priorat
Buil & Giné
Garnacha, cariñena
Barrica: sin especificar

11,25 €

VINO DE LARGO RECORRIDO

GR-174 2016

El GR-174 es un sendero que cruza el Priorat; son 72 km de camino que alternan paisajes abruptos con viñas y pueblos pintorescos, paisajes prioratinos como los que dibuja este vino en la copa, elaborado con frutos de distintas parcelas de la comarca. Este es un vino con cuerpo y fuerza pero muy amable. La fruta mantiene el protagonismo y el vino ofrece una buena acidez que aporta frescura y resalta aún más los paisajes a los que nos remite: fruta madura, notas florales, balsámicos, y una boca carnosa y cordial.

Los momentos del vino Fútbol y amigos en casa, con su tapeo; hoy cocino *rissotto* de setas; reunión familiar.

Casa Gran del Siurana • www.casagrandelsiurana.com

D.O. Ca. Priorat
Garnacha, cariñena, cabernet sauvignon, otras
Barrica: parcialmente 4 meses

10,50 €

RIBERA SORIANA

La Celestina Crianza 2014

D.O. Ribera del Duero
100% tempranillo
Barrica: 12 meses

10,50 €

La Celestina representa la evolución de un vino amigo de esta guía: Torre de Golbán. Hermano pequeño de los gloriosos vinos del Valle de Atauta, el viñedo de La Celestina nace en la comarca de San Esteban de Gormaz. Son viñedos viejos en vaso, de entre 60 y 80 años, en paisajes de altura, de inviernos duros y estíos de fuertes saltos térmicos que favorecen la maduración equilibrada de la uva.
La Celestina expresa bien el carácter de los tintos de la Ribera soriana: maduro, intenso y elegante.

Los momentos del vino Menú, inspiración de trufa negra; calor de chimenea y cocina invernal; copas de tranquilidad.

Atalayas de Golbán • www.dominiodeatauta.com

'SEXY WINE'

Pruno 2015

Verdadera celebridad del mundo del vino, en el 2010 la revista *Wine Enthusiast* le otorgó 94 puntos y en el 2015 volvió a lo más alto del Olimpo al ser considerado el mejor vino del mundo en relación calidad-precio. "Si Parker, gurú americano del vino, te desea, el mundo te adora."
Pruno ofrece un estilo accesible a precio imbatible. Destaca su perfil de fruta madura y jugosa, con recuerdos de regaliz y unos tostados muy bien integrados. En boca siempre se muestra goloso y agradable. ¡Es un gran amigo!

Los momentos del vino Elección de un vino para un grupo heterogéneo; celebración del éxito con un vino estrella; vino placer.

Finca Villacreces • www.villacreces.com

D.O. Ribera del Duero
90% tinta fina,
10% cabernet sauvignon
Barrica: 12 meses

10,90 €

LA RIOJA MÁS FRESCA

Sierra Cantabria Garnacha 2013

D.O. Ca. Rioja
100% garnacha
Barrica: 12,5 meses

10,90 €

Aunque la garnacha siempre ha estado presente en el viñedo riojano, normalmente haciendo cameos con el tempranillo, hoy en día su producción se concentra sobre todo en la Rioja Baja. En esta zona, el perfil de la garnacha se torna cálido, próximo al aragonés. En la Rioja Alta y a los pies de la Sonsierra, el clima se presenta menos severo y este monovarietal de garnacha toma por ello expresión atlántica, frutal y muy fresca. El paso por madera dota al vino de complejidad y le aporta personalidad.

Los momentos del vino Pasar de modo *on* de trabajo a modo *off* de descanso; reunión de amigas; tabla de quesos curados.

Sierra Cantabria • www.sierracantabria.com

VINOS EMOCIONALES

El Primer Paso 2015

D.O.Toro
100% tinta de Toro
Barrica: 6 meses

12,25 €

Puerta de entrada a una gran bodega, El Primer Paso invita al placer desde su juventud y evolucionará hasta 10 años para procurarnos aún mayor deleite. Esencia toresana, mezcla de viñas jóvenes y viñedo de más de 45 años, ofrece una potencia elegante que no abruma, con taninos amables que se irán puliendo y una fruta negra, jugosa, vibrante apoyada por un leve uso de madera que traslada al vino notas tostadas, vainilla, etc. Este es uno de los vinos emocionales de Antony Terryn que siempre tocan el alma.

Los momentos del vino Placer hedonista; celebrar lo pequeño con un vino grande; sibaritas ante una parrillada de carne.

Dominio del Bendito • www.bodegadominiodelbendito.com

ALMA DE MADRID

30.000 maravedíes 2015

Un vino de comarca –de *village* dicen los franceses– define una tipología de vino de distintas fincas, viñedos de distintas edades, parcelas de diferentes orientaciones, que ensambladas ofrecen vinos que expresan la tipicidad del territorio. Aquí hay paisajes de Valdeiglesias en la copa. Se nota el protagonismo de la garnacha de Gredos, que se muestra ligera de color, con una expresión frutal y balsámica en nariz y una boca golosa y algo cálida, muy bien equilibrada por la acidez y un toque de mineralidad.

Los momentos del vino Botiquín del epicúreo; lectura de clásicos del Siglo de Oro; amigos, charla y tabla de embutidos.

Bodega Marañones • www.bodegamaranones.com

D.O. Vinos de Madrid
90% garnacha,
10% variedades locales
Barrica, tinos: 10 meses

11,90 €

DESCUBRIMIENTO SALMANTINO

Viñas del Cámbrico 2014

D.O.P. Sierra de Salamanca
64% rufete, 36% tempranillo
Barrica: 6 meses

12,20 €

Aunque el vino de la sierra de Francia es poco conocido, ofrece condiciones para ganar su apuesta de futuro.
El terruño marca su tipicidad: viñedo de altura dispuesto en terrazas graníticas, microclima mediterráneo húmedo, y la joya del territorio, variedades propias y viña vieja.
Aquí la gala la pone la rufete, acompañada de tempranillo: tinto aromático, muy fresco, frutal, elegante y bendecido por un toque de mineralidad. ¿Y el nombre? Recuerdo de la edad geológica de formación de esta tierra.

Los momentos del vino Regalo para buscadores de rarezas; autoayuda: celebrar el esfuerzo; en la mesa con un buen asado.

Viñas del Cámbrico • www.cambrico.com

CHARDONNAY MEDITERRÁNEO

Gramona Mas Escorpí 2016

D.O. Penedès
100% chardonnay
Barrica: sin madera

10,50 €

Mas Escorpí es un chardonnay singular, elaborado con uvas de dos fincas de altura. Se obtiene con una larga y lenta vinificación, lo que dota al vino de una textura untuosa y buena estructura. No pasa por madera por lo que mantiene una gran frescura y juventud.
Su carácter de chardonnay mediterráneo suma a los recuerdos de fruta fresca notas tropicales, sin perder sus perfumes cítricos ni florales, ni los recuerdos anisados, y en boca sorprende su buen equilibrio entre untuosidad y acidez.

Los momentos del vino Copa desalterante tras el trabajo; *brunch* con ahumados y prensa; amigos y tabla de quesos suaves.

Gramona • www.gramona.com

REFUGIOS ÍNTIMOS

Casal de Armán Blanco 2016

Una sabia combinación de uvas procedentes de diferentes viñas, distintos tipos de suelos y variadas orientaciones dibujan en este vino la tipicidad de los blancos del norte del territorio, en el valle del río Avia.
Aunque el vino se acompaña de otras variedades gallegas, habla la treixadura, reina indiscutible del viñedo blanco de Ribeiro. El resultado es un vino bien estructurado, untuoso, de carácter frutal, con perfume de flores blancas y esos recuerdos balsámicos tan deseados en esta variedad.

Los momentos del vino Desparrame de marisco; conversación filosófica con amigos; momento de seducción frente al mar.

Casal de Armán • www.bodegascasaldearman.com

D.O. Ribeiro
90% treixadura, 5% godello, 5% albariño
Barrica: sin madera

11,50 €

VINOS CON ALMA

Murua Fermentado en Barrica 2014

D.O. Ca. Rioja
Viura, malvasía riojana, garnacha blanca
Barrica: 7 meses

11 €

En La Rioja, las variedades blancas se plantaban en la cabecera de la viña para proteger el viñedo tinto de las inclemencias del tiempo. Así, las uvas blancas se hallaban salpicadas en múltiples majuelos. En 1993 Murua puso en valor este tesoro que apenas suponía el 3% de la superficie plantada de su finca. Vino complejo, a copa parada predominan las notas de crianza, pero cuando se agita llega el premio: flores blancas, recuerdos de pera, bollería, tostados, coco. Y en la boca sigue el regalo.

Los momentos del vino Vino de chimenea; conversación en las distancias cortas; sábado, desayuno nórdico con ahumados.

Bodegas Murua • www.bodegasmurua.com

EXPRESIÓN MINERAL

Via Edetana Blanco 2016

D.O. Terra Alta
70% garnacha blanca,
30% viognier
Barrica: parcialmente 4 meses

10,90 €

Este vino se elabora con viejas garnachas blancas cuarentonas y una viognier que se vendimia temprano, buscando sus perfumes y un plus de acidez que sume nervio al conjunto. La mitad del vino madura en roble, para ganar complejidad, y el resto se trabaja con sus lías, lo que enriquece su tacto en boca, tornándolo más sedoso y graso. El resultado es un vino de expresión aromática delicada y elegante, y una boca seductora, potente y cremosa con un punto salino y un sutil recuerdo de madera.

Los momentos del vino Lecturas de novela negra; pulardas y pavos navideños; arreglando el mundo con un amigo.

Edetària • www.edetaria.com

FIEL A SU ORIGEN

Gaba do Xil Godello 2016

D.O. Valdeorras
100% godello
Barrica: sin madera

10,40 €

Este vino es el representante gallego de un proyecto singular que busca recuperar viñedos olvidados, variedades autóctonas con las que elaborar vinos honestos, reflejo del terruño. Vino de viña más que de bodega, este blanco refleja la tradición ancestral de una tierra donde el viñedo sobrevive en angostas terrazas de granito, tierras poco fértiles que hacen trabajar a las raíces para regalar vinos de marcado carácter frutal, minerales y de acidez menos punzante que los albariños más atlánticos.

Los momentos del vino Copas y charla; apoyo moral al cocinero (con unas gambas); *nunca mais* sin pulpo ni empanada.

Compañía de Vinos de Telmo Rodríguez • www.telmorodriguez.com

VINOS RECUPERADOS

Ermita del Conde Albillo Centenario 2014

V.T. Castilla y León
100% albillo mayor
Barrica: sin madera

12 €

Los viticultores viejos plantaban uva blanca y tinta mezcladas en la misma viña, y así continúa la historia en los viñedos ancestrales de Coruña del Conde, frontera de la Ribera, donde tempranillo y albillo comparten viña, recuerdo excepcional de otro tiempo. El albillo, como buen castellano, se muestra sutil de aromas pero esconde complejidad y en la boca ofrece gran conversación. Como los buenos amigos, este vino resulta difícil de encontrar, algo complejo de entender e imposible de olvidar.

Los momentos del vino Compañía y refresco junto a un buen asado; momento hedonista; regalo con mucha historia.

Ermita del Conde • www.ermitadelconde.com

TRADICIÓN RECUPERADA

Cortijo Los Aguilares Rosado 2016

D.O. Málaga y Sierras de Málaga
68% tempranillo, 28% syrah, 4% petit verdot
Barrica: sin madera

11 €

Cuando la filoxera llegó a Ronda terminó con su viñedo y su tradición de vinos. Tras una pausa secular, la historia comenzó a escribirse de nuevo apenas hace 20 años.
La técnica y el aprendizaje con los errores vecinos han servido para que los vinos de Ronda se expresen desde la libertad y la calidad, como este rosado, de una complejidad rara en estos vinos: frutos rojos enriquecidos con los aromas de la dehesa vecina de la viña y con la frescura de un clima de altura. Estamos ante un rosado muy versátil.

Los momentos del vino Incitación para no amantes de los rosados; compañía de lecturas de verano; vino gastronómico.

Cortijo Los Aguilares • www.cortijolosaguilares.com

PASIÓN POR LO NATURAL

Parés Baltà Indígena Rosé 2016

Cuando la familia Parés Baltà decidió plantar garnacha en Pontons, un pueblo a más de 600 m de altitud, los payeses del lugar anunciaron lo peor. ¿Garnacha de altura en el Penedès? Y creció el viñedo, y son ya más de 15 años regalando frutos impregnados de la sutil mineralidad de suelos de arcilla y yeso. Este es un rosado suave y elegante, que se apunta a los tonos pálidos, con un aroma goloso de frutos rojos maduros muy bien equilibrado por toques herbáceos y una buena acidez que le aporta frescura.

Los momentos del vino Cena romántica buscando horizontalidad tranquila; *summer party*; cine al fresco en casa.

Parés Baltà • www.paresbalta.com

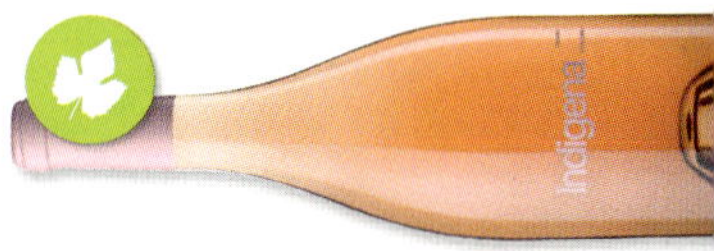

D.O. Penedès
100% garnacha tinta
Barrica: sin madera

10,50 €

RIBERA ROSA

Raíz de Guzmán Rosado 2016

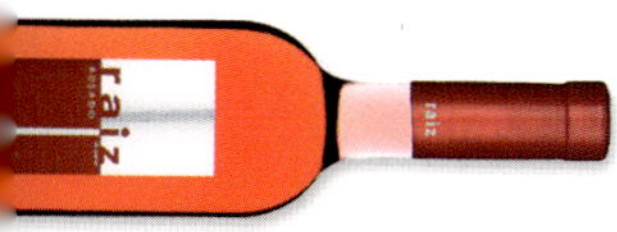

D.O. Ribera del Duero
100% tempranillo
Barrica: sin madera

11 €

Raíz es una de las apuestas más seguras cuando se quiere ganar con la elección de un rosado, siempre en pódium en concursos. Se obtiene por el método de sangrado del tempranillo que la bodega utiliza para elaborar la joya de la casa, su tinto Raíz Profunda.
Su color fresa bien cubierto presagia esencia de Ribera: perfumes de fruta roja, sutiles notas florales en la nariz, y un paso por boca sabroso, frutal, lleno de frescura y longitud.

Los momentos del vino Copa de transición del *on* de trabajo al *off* de descanso; momento piscina o terraza; gastronomía, mesas de verano.

Bodegas Raíz • www.raizyparamodeguzman

EMBOTELLAR EL OTOÑO…

Itsasmendi Urezti Vendimia Tardía 2014

D.O. Bizkaiko Txakolina
Hondarrabi zuri zerratie, izkiriot handi
Barrica: corta estancia
37,5 cl

15 €

Paisaje de otoño en Bizkaia; la vendimia ha concluido salvo en el viñedo de Itsasmendi. La uva duerme lentamente tardes suaves, mecida por el viento del sur, madura al ritmo de la naturaleza y va pasificándose en la viña y concentrando azúcar y pasión. ¡Oh, sorpresa! A finales de octubre las nieblas matinales arrancan la podredumbre noble como en los paisajes de Sauternes y el vino gana aún más azúcar y conserva mayor acidez. Hay que esperar su buena evolución en botella y disfrutarlo con paciencia.

Los momentos del vino *Sexy wine*, momento 'remate' en compañía de *foie;* lujuria con chocolate; solo y en soledad.

Bodegas Itsasmendi • www.bodegasitsasmendi.com

DULCE DE TRAMONTANA

Solera Garnatxa d'Empordà

D.O. Empordà
Garnacha blanca, garnacha roja
Vino dulce natural, solera

11 €

Cuánto juego da la humilde garnacha a los amantes del vino: tinta, peluda, tintorera… Y en este caso, junto con la garnacha blanca, la roja, variedad autóctona del Empordà con la que se elaboran vinos de brillante color rosado, a los que la madera torna ambarinos. Este es un vino dulce natural, apagado con adición de alcohol vínico y envejecido en antiguos depósitos de madera que albergan soleras de más de 50 años. Ancestrales vinos dulces del Mediterráneo, beberlos hoy es un compromiso con el patrimonio.

Los momentos del vino Chupito de sobremesa; momentos de nostalgia; con helados, aguanta la crionización del paladar.

Celler Cooperatiu d'Espolla • www.celleresполla.com

UN GRAN VIAJE

Fino Inocente

D.O. Jerez-Manzanilla de Sanlúcar de Barrameda
100% palomino
Barrica: más de 8 años, crianza dinámica

10,50 €

Fino elaborado con palomino exclusivamente del pago de Macharnudo Alto, una de las mejores tierras del Marco de Jerez. Desde su fermentación el vino se trabaja en viejas botas de roble americano, como antaño se hacía, y no en depósitos de acero, como marca la practicidad actual. Fino de larga trayectoria bajo velo de flor, Inocente dedica ocho años al recorrido, saltando criaderas, para llenarse de perfumes delicados y punzantes y mostrar un paladar ligero, fresco y largo. Es, sin duda, un vino extraordinario.

Los momentos del vino Apoyo moral al cocinero; despertar calor en días de tibieza del alma; tapeo con clase.

Bodegas Valdespino • www.grupoestevez.es

GRAN VOCACIÓN

Gobernador Oloroso Seco

D.O. Jerez-Manzanilla de Sanlúcar de Barrameda
100% palomino
Barrica: más de 12 años, crianza dinámica

14 €

Hay vinos vocacionales; un vino nace para oloroso porque en la selección inicial su estructura de "mosto gordo" lo hace poco aconsejable para evolucionar como fino. Desde el principio este vino se encabeza a 17 grados y no tiene crianza bajo velo de flor. Pero este Gobernador es una feliz excepción, pues por un corto tiempo fue fino y creció a la sombra de la flor jerezana. Conserva una gran elegancia de aquel paso, y con el tiempo y su camino de oloroso, se presenta complejo, intenso y muy expresivo.

Los momentos del vino Vino de meditación y de chimenea; hedonismo con ibéricos; en la mesa con rabo de buey.

Bodegas Emilio Hidalgo • www.emiliohidalgo.com

MANZANILLA, MARAVILLA

Solear en Rama. Saca estacional

La manzanilla, atlántica y marinera, nacida en Sanlúcar, al abrigo de su clima tibio, produce el más fino de los finos; en rama, con escaso filtrado o clarificado para que la manzanilla muestre desnuda su más pura expresión.
Había que reinventar la manzanilla y llegaron las sacas especiales a las bodegas Barbadillo, una en cada estación del año, expresión de los calendarios de Sanlúcar y de su romance con el velo de flor. Sacas, lejos de Sanlúcar, constituye la forma más radical de vivir el velo de flor...

Los momentos del vino Botiquín epicúreo; complicidad compartida; copas solitarias para un fin de semana de reflexión.

Bodegas Barbadillo • www.barbadillo.com

D.O. Jerez-Manzanilla de Sanlúcar de Barrameda
100% palomino • Barrica: 10 años, crianza dinámica • 37,5 cl

14 €

DULCE ATLÁNTICO

Humboldt Vendimia Tardía

D.O. Tacoronte Acentejo
Listán blanco
Barrica: sin madera
37,5 cl

15 €

Uno de los grandes tesoros del patrimonio del gusto canario son sin duda sus vinos dulces, hijos de variedades autóctonas y cepas prefiloxéricas, herederos de tradiciones ancestrales. Vino de licor de listán blanco, una variedad de pura raza guanche, vendimiado en los tibios otoños canarios para que la uva pierda agua y gane azúcar. Sin paso por madera, ofrece aromas de fruta madura en compota, huele a membrillo, sabe a seda y tiene esa fresca acidez que le da persistencia y alarga el placer.

Los momentos del vino Vino de reflexión; momento de autoayuda y motivación; vino de seducción en compañía de *foie*.

Bodegas Insulares Tenerife • www.bodegasinsulares.es

Índice por vinos

Índice por D.O.

ALICIA ESTRADA

Especialista en comercialización y comunicación del vino y del enoturismo; jurado en concursos internacionales de vino; escritora y ponente en jornadas de trabajo y congresos. Sus libros y artículos nos ofrecen una visión del vino emocional y siempre cercana a las experiencias.

geoPlaneta
Av. Diagonal 662-664. 08034 Barcelona
www.geoplaneta.com
viajeros@lonelyplanet.es

El editor quiere agradecer las autorizaciones recibidas para reproducir imágenes protegidas en este libro. Se han realizado todos los esfuerzos para contactar con los propietarios de los copyrights. Con todo, si no se ha conseguido la autorización o el crédito correctos, el editor ruega que le sea comunicado.

ISBN: 978-84-08-16577-4
Depósito legal: B. 21.571-2016

Impresión y encuadernación: Talleres Gráficos Soler
Printed in Spain – Impreso en España

geoPlaneta se adhiere al programa educativo Wine in Moderation – Art de Vivre

WINEinMODERATION.eu
Art de Vivre

EL VINO SOLO SE DISFRUTA CON MODERACIÓN

LOS 100 MEJORES VINOS POR MENOS DE 10€

5 años de vinos inolvidables

LOS 100 MEJORES VINOS POR MENOS DE 10€

5 años de vinos inolvidables

LOS 100 MEJORES VINOS POR MENOS DE 10€

5 años de vinos inolvidables

LOS 100 MEJORES VINOS POR MENOS DE 10€

5 años de vinos inolvidables

LOS 100 MEJORES VINOS POR MENOS DE 10€

5 años de vinos inolvidables

LOS 100 MEJORES VINOS POR MENOS DE 10€

5 años de vinos inolvidables

LOS 100 MEJORES VINOS POR MENOS DE 10€

5 años de vinos inolvidables

LOS 100 MEJORES VINOS POR MENOS DE 10€

5 años de vinos inolvidables

LOS 100 MEJORES VINOS POR MENOS DE 10€

5 años de vinos inolvidables

LOS 100 MEJORES VINOS POR MENOS DE 10€

5 años de vinos inolvidables

LOS 100 MEJORES VINOS POR MENOS DE 10€

5 años de vinos inolvidables

LOS 100 MEJORES VINOS POR MENOS DE 10€

5 años de vinos inolvidables

LOS 100 MEJORES VINOS POR MENOS DE 10€

5 años de vinos inolvidables

LOS 100 MEJORES VINOS POR MENOS DE 10€

5 años de vinos inolvidables

MAIOR DE MENDOZA (P. 86)

Visita y degustación de vinos, gratuita para 4 personas, al presentar este vale.

Válido hasta fin de promoción

Tel. 986 508 896

maiordemendoza@hotmail.es

BODEGAS NIVARIUS (P. 88)

Descuento del 20% en compras de vino en bodega, al presentar este vale, y en la tienda en línea http://nivarius.com/es/tienda al incluir el código **100MEJORES**

Válido hasta fin de promoción

Tel. 941 447 207

contacto@nivarius.com

BODEGAS CASTELO DE MEDINA (P. 90)

Descuento del 20% en compras de vino en bodega, al presentar este vale.

Válido hasta fin de promoción

Tel. 983 831 932

info@castelodemedina.com

VINOS SANZ (P. 93)

Descuento del 10% en compras de vino superiores a 50 € en bodega, al presentar este vale.

Válido hasta fin de promoción. No acumulable a otras ofertas.

Tel. 983 868 100

vinossanz@vinossanz.com

BODEGAS ENATE (P. 94)

Descuento del 20% en compras de vinos en bodega, al presentar este vale.

Válido hasta fin de promoción

Tel. 974 302 580

bodega@enate.es

ADEGA ALAN DE VAL (P. 98)

Visita y degustación de vinos con un descuento del 10%, al presentar este vale.

Válido hasta fin de promoción

Tel. 988 310 431

joseluis@alandeval.com

ISAAC CANTALAPIEDRA VITICULTOR (P. 103)

Descuento del 20% en compras de vinos en bodega, al presentar este vale.

Válido hasta fin de promoción

Tel. 665 235 709

info@isaaccantalapiedra.com

PRÍNCIPE DE VIANA (P. 106)

Visita y degustación de vinos, gratuita para 2 personas, al presentar este vale.

Válido hasta fin de promoción

Tel. 948 838 640

info@principedeviana.com

LA CALANDRIA. PURA GARNACHA (P. 107)

Descuento del 20% en compras de vino en bodega, al presentar este vale.

Tel. 609 476 387

javier@lacalandria.org

BODEGAS IZADI (P. 111)

Visita y degustación de vinos, gratuita para 1 persona, al presentar este vale.

Válido hasta fin de promoción

Tel. 945 609 261

marketing@izadi.com

CELLER MARIÀ PAGÈS (P. 118)

Visita y degustación de vinos, gratuita para 2 personas, al presentar este vale, y regalo de una botella a escoger por la compra de 30 € en bodega.

Válido hasta fin de promoción

Tel. 972 549 160

info@cellermpages.com

FINCA ANTIGUA (P. 123)

Visita y degustación de vinos, gratuita para 2 personas*, al presentar este vale.

** con cita previa por teléfono*

Válido hasta fin de promoción

Tel. 608 583 776

COOPERATIVA FALSET-MARÇÀ (P. 125)

2 x 1 en la visita y degustación de vinos, al presentar este vale*.

** con cita previa por correo electrónico*

Válido hasta fin de promoción

visita@etim.cat

BODEGAS JUAN GIL (PP. 29, 80, 92)

Visita gratuita para 2 personas en la central de Juan Gil Bodegas Familiares (Jumilla, Murcia)*, al presentar este vale.

** con cita previa*

Tel. 968 110 149

visitas@gilfamily.es